N'ayez pas peur !

Bernard Sesboüé s.j.

N'AYEZ PAS PEUR

Regards sur l'Église et les ministères aujourd'hui

« Pascal Thomas – Pratiques chrétiennes »
N° 12

DESCLÉE DE BROUWER

76 *bis*, rue des Saints-Pères, 75007 Paris
ISBN 2-220-03741-X

Je dédie ce livre aux nombreux prêtres, religieux, religieuses et laïcs, au milieu desquels j'ai souvent évoqué ces questions au cours de rencontres diverses ou par correspondance, avec lucidité et espérance dans l'avenir de l'Église.
Leurs interventions ont nourri ma réflexion.
Je leur en exprime toute ma reconnaissance.

Avant-propos

C'est entendu, l'Église est dans le monde et elle partage les difficultés, les recherches et les espérances du temps présent. Est-ce que, pour autant, elle ne doit pas sans cesse réexaminer sa vie interne et les conditions de sa mission évangélique ? A vrai dire, les deux types de préoccupations ne s'opposent pas et il se pourrait bien qu'une plus grande qualité de la vie ecclésiale rejoigne bien des enjeux du monde actuel et contribue, même petitement, à les éclairer.

Telle est l'impression que l'on a en lisant le livre que voici. Il est consacré à des questions d'Église mais ces problèmes, bien loin d'être purement intra-ecclésiaux, sont aussi des problèmes de société, de culture, de mémoire et d'attention aux signes des temps. Quels ministères dans l'Église d'aujourd'hui, pour le monde de demain ? Bernard Sesboüé, avec la maîtrise théologique et la pédagogique clarté qu'on lui connaît, aborde sereinement et méthodiquement cette question. Il le fait avec les ressources de la réflexion théologique, une humble passion pour les responsabilités auxquelles l'Église ne peut faillir, une lumineuse espérance qui a l'art de traverser nos morosités. Bref, il s'agit de ne pas avoir peur. Cette parole de Jean-Paul II au tout début de son pontificat résonne sur la même longueur d'onde que celle de Jésus dans l'évangile de Luc et elle va à la rencontre de nos hésitations ou de nos malaises. Voici que le message chrétien a plus de possibilités que ce que semblent parfois suggérer ses patiences et ses prudences.

En lisant ces pages de grande sagesse et de courageuse attente, on aura sans doute le sentiment que les questions actuellement débattues à propos des ministères dans l'Église catholique sont plus simples qu'il ne paraît, dès lors qu'elles sont bien posées et lucidement éclairées. Ce livre de théologie pratique a l'art de nous aider à comprendre ce que nous ne savons pas toujours analyser, en évitant les simplismes ou les passions partisanes, mais aussi en débusquant nos paresses intellectuelles et institutionnelles. En le lisant, vous aurez l'impression de mieux percevoir, dans la mouvance de Vatican II et dans la fidélité à la tradition, comment le message biblique peut s'actualiser aujourd'hui, y compris dans ces formes sensibles de la vie ecclésiale que sont les ministères. La théologie ne se veut, en l'occurrence, qu'une réflexion n'ignorant pas ses limites. Elle n'entend pas avoir une science infuse et elle ne cherche pas à prendre la place des responsables dans la vie du peuple chrétien. Mais elle estime pouvoir et devoir apporter sa contribution dans des débats qui engagent tous les chrétiens et, plus qu'on ne le pense, les sociétés actuelles en quête d'avenirs nouveaux.

Pratiquement, Bernard Sesboüé nous invite d'abord à vérifier notre langage et nos références. Pourquoi aujourd'hui hésiter à employer, comme l'avait fait Paul VI, le mot ministère pour désigner certains rôles de baptisés non ordonnés ? Et pourquoi certains ont-ils tendance à reprendre les termes et les perspectives du concile de Trente, quand il est question des ministères ecclésiaux, comme si Vatican II ne suffisait pas ou ne suffisait plus à orienter nos fidélités créatrices ?

Ensuite, l'auteur réfléchit au statut des laïcs ayant un rôle effectif et repérable dans l'Église catholique. Il tient à bien distinguer ce qui relève, en ces fonctions, du commun bap-

tême et ce qui découle d'une participation à la responsabilité pastorale. Précieuse distinction, sans doute, dont les effets n'ont pas fini de se manifester pour susciter une nouvelle manière de comprendre la co-responsabilité de tous les chrétiens.

Enfin, Bernard Sesboüé aborde une question délicate mais urgente, celle de l'ordination au ministère pastoral. On sait que les prêtres ne suffisent plus à tout ce que l'on attend d'eux. Ne faudrait-il pas élargir les conditions de l'ordination dans une Église qui ne peut se passer d'eucharistie ou de réconciliation sacramentelle ?

Décidément, la théologie n'est pas loin des urgences actuelles, dès lors qu'elle prend la peine d'écouter et de clarifier. Voici un livre de forte théologie, de grande actualité et de joyeuse espérance.

Henri Bourgeois

Introduction

« Sois sans crainte, petit troupeau
car votre Père a trouvé bon
de vous donner le Royaume »
(Lc 12,32)

Parler aujourd'hui de l'Église et des ministères, c'est sans doute prendre un risque. La difficulté d'un tel thème est en effet multiple.

Tout d'abord, il s'agit d'un point chaud dans la vie actuelle de l'Église, c'est-à-dire d'un point à propos duquel les réactions affectives, conscientes ou inconscientes, interviennent avec force et interfèrent avec la réflexion la plus raisonnable. C'est évidemment un point chaud, vu du côté de la hiérarchie de l'Église, étant donné les soucis, pour ne pas dire l'angoisse, que lui cause l'effondrement du nombre des prêtres ; et un point particulièrement surveillé, qu'elle estime devoir protéger de toute dérive doctrinale. C'est un point autour duquel les lignes de rupture à l'intérieur de la communauté ecclésiale se font particulièrement sentir, car il touche à l'affectivité religieuse et à la liturgie, et donc au sens du sacré. C'est encore un point chaud pour bien des chrétiens qui souffrent de voir leurs communautés se déliter du fait de la disette pastorale qui les affecte.

Il serait particulièrement dangereux que cette question devienne l'objet d'un tabou dont il ne faudrait surtout pas parler. En fait, tout le monde en parle dans les conversations privées et nous assistons en ce moment dans l'Église à une situation de double langage : il y a ce que la plupart reconnaissent en privé et il y a le discours officiel. De cette distance dangereuse nombre de laïcs, issus de milieux sociaux très différents, à la campagne comme à la ville, sont conscients et ils en souffrent. Dans un tel contexte il est souverainement difficile de frayer un passage à une réflexion qui ne veut pas être récupérée ou exploitée au-delà de ce que l'on a voulu dire.

Autre difficulté non moins grande : même si je crois utile de reprendre ici tel ou tel point de la doctrine acquise sur l'Église et les ministères, et même de proposer une interprétation proprement théologique de la participation des laïcs au ministère pastoral, ce livre demeure un livre de conjoncture. Il s'agit d'opérer un discernement théologique sur la mutation de l'Église et des ministères dans les pays industrialisés, et déjà pour une large part dans les nouvelles Églises. Or ce discernement devrait pouvoir s'appuyer sur celui de l'évolution de notre société tout entière. Car l'Église est toujours solidaire de son temps et de la culture des milieux où elle vit. Mais les meilleurs spécialistes de la chose reconnaissent aujourd'hui que nous sommes largement démunis pour établir une prospective de la réalité de notre société dans les décennies à venir. Les choses vont plus vite que toute prospective. Devant la radicalité et la rapidité des changements, nous manquons de repères. De plus, je ne suis pas sociologue et ne veux nullement jouer au prophète en la matière.

Pourquoi dès lors vouloir discerner ce que peut être l'avenir de l'Église ? N'est-ce pas le fait d'une grande prétention et naïveté ? Tout simplement parce que cet exercice est encore plus nécessaire qu'il n'est difficile. Nul ne peut vivre le présent sans avoir suffisamment de lumière sur l'avenir. Cette loi générale de la vie personnelle et sociale vaut particulièrement de l'Église dont le message nous tourne vers l'avenir. Un des motifs majeurs de la fatigue et du découragement de certains prêtres aujourd'hui vient de ce qu'ils ne voient pas comment le ministère qu'ils exercent toujours, avec un dévouement digne d'admiration, pourra être assuré demain. Il nous faut aussi penser aux jeunes prêtres et aux séminaristes qui ont besoin de se projeter dans l'avenir pour assumer leur vocation. Quelle figure prendra leur ministère ? Les laïcs qui prennent de plus en plus de responsabilités dans l'Église se posent la même question. Une lueur même diffuse est indispensable au maintien de l'espérance.

*
**

Une telle démarche doit comporter la plus grande lucidité possible et prendre en compte la gravité de la situation ecclésiale. Mais parler clairement des paramètres négatifs de la vie de l'Église dans nos pays dits développés fait vite encourir l'accusation, sinon de hurler avec les loups, du moins de baisser les bras, de manquer de foi et de sens spirituel, de contribuer à la démobilisation des énergies et enfin de faire à la sociologie et aux statistiques un crédit qui lamine l'espérance. Bref, on est vite accusé d'être complice de ce que l'on expose, tout simplement parce qu'on y attache de l'importance. De même, ceux qui sont en charge de responsabilité dans l'Église et qui investissent toutes leurs forces pour changer ces paramètres négatifs (par exemple celui des vocations presbytérales) ont du mal à admettre que les choses ne soient pas ce qu'ils voudraient qu'elles soient, parce qu'elles constituent autant de défis maintenus à leur action.

Il ne s'agit pas là d'un débat superficiel. Ceci engage un problème de fond, qui n'est rien moins que le rapport de l'humain à la foi et à l'ordre surnaturel. Il faut respecter l'un et l'autre dans une distinction sans séparation et dire ici ce que la christologie chalcédonienne nous enseigne [1]. Ce qui est vrai du Christ vaut pour nous : « En lui la nature humaine a été assumée, non absorbée [2]. » Une analyse de la situation de l'Église et de la foi dans notre actualité ne peut court-circuiter la portée des conditionnements humains, pas plus que le Christ n'a pris en lui une humanité tronquée. Toute l'histoire de la révélation, puis celle de l'Église sont l'illustration que l'initiative de Dieu respecte les données de notre condition humaine, avec ses dimensions d'évolution historique et culturelle. Nous ne devons pas nous fermer les yeux devant ce qui ne va pas, mais nous interroger sur les causes et les raisons de notre situation et sur le rapport de l'Église au monde moderne ou post-moderne. Les contradictions auxquelles nous nous heurtons apparaissent durables. Nous ne pourrons pas les changer rapidement. La force d'inertie d'un navire en pleine vitesse de croisière empêche de l'arrêter ou de changer sa direction instantanément. Le commandant de bord doit prévoir et prendre les bonnes décisions au bon moment pour peser utilement sur l'orientation de sa course.

Il serait donc inopérant de faire appel de manière immédiate à un « spirituel pur » qui resterait étranger à notre situation dans le monde. Que les chrétiens aient besoin de vivre une conversion spirituelle, je n'en disconviens certainement pas. Mais cette conversion ne peut pas ne pas être incarnée. Elle doit aussi porter sur les « signes des temps », pour reprendre l'expression chère à Jean XXIII, chercher ce que l'Esprit dit aux Églises et se tourner vers le renouvellement de la figure de l'Église qui, à l'évidence, s'impose.

*
**

1. J'ai rappelé cette donnée dans *Pédagogie du Christ*, Paris, Cerf, 1994, dans le chapitre intitulé « Histoire et foi en christologie », en particulier p. 104-106.

2. Vatican II, *Gaudium et Spes* 22,2, se référant aux conciles de Constantinople II et III ainsi qu'à celui de Chalcédoine. canon 7.

Ce livre est, dans une certaine mesure, la suite de l'article que j'ai écrit dans les *Études* d'octobre 1992. Cet article a eu un écho assez large en France et à l'étranger. Il a surpris certains, parce qu'il comportait une analyse critique des distorsions dans lesquelles la vie et la pastorale de l'Église sont aujourd'hui engluées et parce qu'il proposait une interprétation théologique de ce qui se répand dans la pratique actuelle. Mais ce n'est pas moi qui signe des lettres de mission. J'essaie seulement de dire ce que signifie doctrinalement une telle pratique, si l'on essaie de situer la chose à l'intérieur de la structure ministérielle de l'Église, telle que Vatican II l'a rappelée. Je ne fais donc qu'exercer, à mes risques et périls, un rôle de théologien. Le succès de ces pages venait aussi de ce qu'il osait proposer une certaine prospective d'avenir.

Cet article m'a valu un courrier important, venu de laïcs (le plus souvent titulaires de lettre de mission pastorale) et de prêtres (dont aucun d'entre eux ne m'a reproché de l'avoir déstabilisé dans sa conviction presbytérale), des demandes d'intervention dans diverses sessions organisées pour les prêtres ou pour les responsables d'aumônerie ou par certains mouvements, en France et aussi en Suisse, des échanges avec des responsables de la pastorale ou des vocations et la communication de plusieurs dossiers de synodes diocésains. De l'étranger j'ai reçu des réactions venues d'Afrique où mon propos a visiblement intéressé certains responsables, évêques ou provinciaux religieux. Un spécialiste de la formation du clergé et des laïcs en Afrique m'a écrit : « Votre article a rejoint plusieurs de mes préoccupations concernant la formation et le rôle des laïcs. Ce que vous écrivez à plusieurs endroits au futur, on l'écrit actuellement au présent dans beaucoup de pays d'Afrique. Ces quatre dernières années, j'étais responsable, seul, de vingt-quatre communautés chrétiennes dont certaines sont situées à trois heures de piste de la paroisse principale. [...] L'heure est venue où le dialogue théologique concernant les pratiques pastorales d'Europe et d'Afrique devient une nécessité incontournable. » Ce témoignage est fort important, parce que ce sur quoi je réfléchis dans la perspective de ce qu'on appelait le « premier monde », vaut aussi largement dans des conditions culturelles complètement différentes. J'ai reçu aussi des réactions de Belgique. Au cours d'un voyage au Canada, j'ai été invité par l'évêque d'un diocèse à parler à une assemblée de prêtres et d'assistants laïcs dans la pastorale. J'ai admiré le souci de ces derniers de ne pas devenir des « fonctionnaires » de la pastorale, mais d'être de véritables apôtres et témoins de l'Évangile. Toute la documentation rassemblée, à dominante francophone – c'est donc une limite –, a enrichi ma réflexion, a attiré mon attention sur certains points plus compliqués que je ne le pensais, m'a aidé à tenir compte de certaines objections. Je l'utiliserai dans cet essai, avec la discrétion qui convient et avec reconnaissance pour tous ces partenaires de dialogues multiples. Je sais qu'au regard de certains je tomberai sous le coup du reproche de « ne pas être du bâtiment ». Il est vrai que mon travail me met dans une situation particulière et m'empêche d'être constamment sur le terrain. Mais, en plus de mes rencontres pastorales personnelles, les échanges que je viens d'évoquer me permettent, je crois, d'avoir une connaissance relativement exacte de ce qui se passe.

*
**

J'entends bien écrire ce livre en plein accord avec la dogmatique catholique sur l'Église et les ministères. Je respecte également la discipline actuelle de l'Église telle qu'elle est périodiquement rappelée de nos jours. Mais la doctrine laisse sa place à la diversité des « figures » historiques. Quant à la discipline, elle est autre chose que la doctrine et demeure à son service. L'histoire nous montre à quelles variations elle a pu donner lieu. De toute manière, elle ne peut nous dispenser de réfléchir et de répondre au *kairos* (la situation favorable) propre à notre temps.

D'autre part, le débat dans l'Église est non seulement légitime mais encore nécessaire. Ces questions sont abordées de tous côtés. Je voudrais apporter à leur sujet une réflexion sereine et globale. Je ne prétends nullement avoir raison en tout et livre donc cet essai à la critique fraternelle, en me mettant sous le patronage de saint Augustin :

> Que mon lecteur, s'il communie pleinement à ma certitude, fasse route avec moi ; s'il partage mes doutes, qu'il cherche avec moi ; s'il se reconnaît dans l'erreur, qu'il revienne à moi ; s'il m'y surprend moi-même, qu'il m'en détourne. C'est ainsi que nous avancerons ensemble sur le chemin de la charité [3].

La seule chose qui doit primer dans cette recherche, c'est le bien de l'Église, de ses fidèles, de son témoignage et de sa mission, c'est-à-dire de son service de l'Évangile. Il y a le bien de l'Église déjà rassemblée, dans lequel compte la meilleure administration des sacrements possible ; il y a le bien de l'Église à rassembler, de tous ceux du dehors auxquels l'Église est aussi envoyée et dont beaucoup attendent d'elle des signes venant répondre à leur espérance.

*
**

Ce livre comportera quatre chapitres.

Le premier proposera une lecture aussi honnête que possible de la situation actuelle des vocations presbytérales et religieuses dans l'Église de France, mais aussi de la situation générale de l'Église en France et dans le monde occidental, avec ses côtés inquiétants comme avec ses chances, ses ombres et ses lumières, ses défis et ses germinations. Cette description englobante ne sera ensuite utilisée que pour réfléchir à la question du ministère presbytéral et des autres ministères. Mais elle est nécessaire, car tel est le contexte qui permet de situer cette dernière en vérité. Ce que je dirai est du

---

3. Saint Augustin, *La Trinité*, I,3,5 ; trad. M. Mellet et Th. Camelot, *BA* 15, p. 97.

bien connu, tiré des documentations les plus officielles. Mais c'est un bien connu que l'on hésite parfois à regarder en face.

Le deuxième chapitre portera sur le ministère des prêtres et, dans une mesure plus réduite, sur celui des diacres. Il rappellera lui aussi des données connues, mais semble-t-il quelque peu oubliées aujourd'hui, du concile Vatican II. Sur cette base, il proposera quelques pistes prospectives sur l'avenir de ces ministères.

Les deux derniers chapitres aborderont les ministères des laïcs. Il y aura deux chapitres, car il est déjà patent qu'il existe deux types d'apostolat des laïcs, l'un fondé sur les sacrements de l'initiation chrétienne, l'autre qui constitue une participation au ministère proprement pastoral de l'Église et dont l'identité doctrinale demande une réflexion théologique particulière.

La parole que les évangélistes mettent le plus souvent dans la bouche de Jésus est : « N'ayez pas peur. » C'est pourquoi je l'ai choisie comme titre de ce livre. On sait qu'elle a été reprise par Jean-Paul II le jour de son élection, comme indicatif de son pontificat.

1

Une Église en mutation : ombres et lumières

« Espérant contre toute espérance »
(Rm 4,18)

Essayons de faire le point sur ce que nous voyons et entendons dans l'Église de France. Nous savons que, compte tenu de certains facteurs différents dans les autres pays de l'Europe occidentale, il y a beaucoup de traits communs avec le nôtre. D'une part, d'immenses pans de l'institution ecclésiale que les gens de ma génération ont bien connus sont en train de s'effondrer, certains de manière voyante, mais le plus souvent dans une grande discrétion. C'est la face incontestablement noire de notre situation : il y a quelque chose qui meurt. Mais de l'autre côté, nous voyons un ensemble de germinations, petites sans doute et fragiles dans leur apparaître, mais capitales quant à la vitalité ecclésiale qu'elles expriment et à la capacité de renouveau qu'elles annoncent. Ce sont autant de signes d'espérance : il y a quelque chose qui naît. Ces ombres et ces lumières sont à mettre en correspondance pour comprendre la mutation que vit notre Église en cette fin de siècle. Il faut les regarder en face dans une lucidité courageuse et aussi objective que possible, dans la foi et l'espérance. Le rassemblement de données convergentes, dont chacune est sans doute connue, et leur mise en perspective dans la durée du siècle qui s'achève permettent de saisir leur véritable poids [1].

Je commencerai par analyser l'évolution de la situation du corps presbytéral et des vocations, tant diocésaines que religieuses, puisque c'est le point qui focalise aujourd'hui l'attention et qui conditionne pour une large part le rôle du ministère ordonné dans l'Église de demain. Mais on ne peut comprendre cet état de choses en profondeur sans le situer à son tour dans le tableau général de l'Église en cette fin de siècle. Ministères ordonnés et communauté ecclésiale sont en effet en vases communicants. Il nous faudra donc opérer un détour par la crise plus générale du catholicisme en France et dans beaucoup de pays développés. Il ne s'agira pas pour autant de traiter de tous les problèmes contemporains de l'Église, mais de recueillir certains enseignements qui aideront à poser la question des ministères au véritable lieu de leur enracinement.

LES DÉFIS

La crise des vocations presbytérales

Le premier constat qui s'impose est la diminution drastique du nombre des vocations presbytérales et des prêtres en activité. Le même constat doit être fait au sujet des vocations religieuses masculines et féminines.

---

1. Que le lecteur ne s'en émeuve pas : il est toujours plus long d'exposer des difficultés que de dire ce qui va bien. Si l'effet d'accumulation de la première énumération lui paraît trop lourd, qu'il en alterne la lecture avec celle des germinations. Mon souci a été de tenir compte, autant que possible, de toutes les données.

Une situation « gravissime » :
la raréfaction des prêtres

L'expression de situation « gravissime » (H. Simon) est pratiquement officielle. Mais l'état des lieux d'aujourd'hui demande à être situé dans toute l'évolution du XXe siècle.

– Les chiffres des ordinations sur un siècle

Regardons en face les chiffres, tels qu'ils sont donnés par la documentation la plus officielle [2]. Tout d'abord la première moitié de ce siècle a déjà connu une baisse sensible des vocations pour lesquelles les deux guerres mondiales ont marqué un seuil. On comptait en France 1 500 ordinations en 1900. Celles-ci sont descendues à une moyenne de 544 dans la décennie 1910-1919 (incluant la première guerre mondiale). Elles sont remontées lentement jusqu'à une moyenne de 1 100 dans la décennie 1930-1939. Le plus grand nombre des entrées dans les séminaires après la Libération était conjoncturel, puisqu'il correspondait à tous les jeunes que la guerre, les camps de prisonniers, le STO ou la déportation avaient retardés. Dès 1948 la baisse était déjà très sensible. La courbe fortement descendante des vocations en France commence en 1950, donc bien avant le Concile. On en avait déjà une vive conscience à l'époque [3], alors qu'il y avait encore 1 000 ordinations par an.

2. Cf. Hippolyte Simon, « Les vocations » 1 et 2, *Documents-Épiscopat,* n°s 8 et 9, avril et mai 1992 ; *L'Église catholique en France 1995,* Annuaire officiel édité par le secrétariat général de la conférence des évêques de France.

3. Je me permets ici un souvenir personnel. Au moment où je réfléchissais à ma vocation, Mgr Ancel avait fait paraître un fascicule qui avait fait quelque bruit dans les milieux d'Église, *Plaidoyer pour le clergé diocésain,* Centre de documentation sacerdotale, 19, rue de Varenne, 1947. Il y écrivait : *« Quels que soient son dévouement et sa valeur, le clergé diocésain n'a pas, actuellement en quantité et en qualité, le nombre de prêtres suffisants pour remplir sa mission »* (p. 2, souligné par l'auteur). Sa thèse était la suivante : étant donné le manque des vocations en France, il fallait systématiquement orienter les jeunes vers le clergé diocésain, jugé le plus indispensable et ne laisser entrer dans les ordres religieux que les « irréductibles ». Je ne cite ce fait que pour montrer qu'en 1947 on avait déjà conscience d'une forte diminution du nombre des vocations en France.

Un nouveau décrochage du nombre des vocations presbytérales s'est produit vers 1970. La décennie 1950-59 donne une moyenne de 823 ordinations annuelles ; celle de 1960-69, de 535 ; celle de 1970-79, 174, celle de 1980-89, 113. Le nombre des séminaristes en France est étale depuis 1976 (1 180 contre 1 164 en 1993) [4]. Il aboutit aujourd'hui, selon Y. Lambert, à un chiffre de « 100 à 130 ordinations par an, neuf fois moins que dans les années cinquante [5] », chiffre confirmé par les statistique officielles : 136 ordinations en 1976 et 126 en 1993, avec entre les deux un point bas à 94 et un point haut à 140 [6]. Le nombre des ordinations a chuté de 43 % entre 1970 et 1991 [7]. Selon H. Simon qui rapporte un certain nombre des chiffres cités, « il n'est pas encore possible de dire, au vu des chiffres globaux, si ce mouvement de spirale vers le bas est désormais arrêté [8] ».

Il convient aussi de ventiler ces chiffres globaux en fonction des différents diocèses. En se référant aux chiffres donnés par H. Simon pour les 18 années qui vont de 1974 à 1991 inclus – durée suffisamment longue pour être signifiante – on constate ceci [9] :

– 20 diocèses ont moins de ou au plus 0,5 ordination par an.

– 36 diocèses ont de 0,5 à 1 ordination par an.

– 10 diocèses ont de 1 à 1,5 ordinations par an.

– 16 diocèses ont de 1,5 à 2 ordinations par an.

---

4. *L'Église catholique en France 1995, op. cit.*, p. 346.

5. Y. Lambert, « Les jeunes et le christianisme : le grand défi », *Le Débat*, mai-août 1993, Paris, Gallimard, p. 65. On retrouve ce chiffre à peu près partout. Cf. C. Flipo, « Les jeunes prêtres en France », *Études*, nov. 1994, p. 513-523, qui précise qu'il faut ajouter 50 ordinations de religieux par an ; cf. *infra*.

6. *L'Église catholique en France 1995, op. cit.*, p. 347.

7. Cl. Flipo, *art. cit.*, p. 514.

8. H. Simon, *Documents-Épiscopat*, n° 8, avril 1992, p. 2.

9. H. Simon, *Documents-Épiscopat*, n° 9, mai 1992, p. 5-6. Tous les diocèses français (métropole et outre-mer) sont considérés sauf deux dont une erreur manifeste de chiffre rend l'interprétation impossible.

– 8 diocèses ont de 2 à 2,5 ordinations par an.
– 4 diocèses ont entre 3 et 4 ordinations par an.
– 1 diocèse entre 4 et 5.
– 1 diocèse entre 5 et 6 : Paris.

La crise vient de loin et est donc continue. Il n'est pas vrai de parler d'un « frémissement » de la reprise du nombre des vocations en France : il s'agit tout au plus d'un étiage relativement stable depuis 1976. Les petites variations d'une année à l'autre ne s'inscrivent pas dans une courbe significative. Cette situation a amené la fermeture de la majorité des séminaires diocésains. On assiste en ce moment à telle ou telle ouverture ou réouverture. Celles-ci sont rares et se font parfois sur des bases non diocésaines, voire internationales. Mais encore tout récemment deux grands séminaires viennent de fermer en vue d'une fusion avec d'autres et la décision a été prise pour une autre fusion l'an prochain. Y a-t-il un espoir de voir cette tendance se renverser ? Bien entendu, je suis de ceux qui estiment que tous les efforts doivent être faits pour promouvoir les vocations de prêtres parmi les jeunes. Mais, sauf miracle – on a le droit de prier pour le miracle, mais on n'a pas le droit de compter sur lui dans la prévision pastorale –, il faut avoir la sagesse et le courage de reconnaître qu'aucune politique volontariste, si nécessaire qu'elle soit, ne pourra changer ces chiffres de manière suffisante pour permettre de subvenir aux besoins pastoraux de l'Église de France dans les prochaines décennies, sur la base des orientations ecclésiales actuelles. La raison majeure en est claire : l'humus chrétien et l'environnement social favorables à l'éclosion et à la maturation d'une vocation presbytérale (ou religieuse) de jeune se sont rétrécis dans des proportions considérables. D'autre part, à supposer même que les chiffres des ordinations repartent franchement à la hausse, un certain point de rupture est déjà atteint, qui affectera la vie de l'Église pendant au moins une trentaine d'années. Car il faut tenir compte des données démographiques du clergé français.

– Raréfaction et vieillissement des prêtres

La baisse du nombre des ordinations s'est évidemment traduite par celle du nombre des prêtres en activité, baisse augmentée par la crise des années 1960 et 70 où un certain nombre d'entre eux ont quitté le ministère. Revenons aux chiffres. De 1977 à 1985, on compte 4 753 prêtres en moins (14 % de diminution). En 1979, il y avait 31 800 prêtres diocésains en France, en 1992 il n'y en avait plus que 24 000 donc une diminution de 7 700, c'est-à-dire d'environ un quart [10]. Dans le même temps la moyenne d'âge des prêtres a sensiblement grandi : elle a dépassé les 65 ans [11], c'est-à-dire l'âge de la retraite dans la société civile. Les prêtres de moins de 40 ans représentent 5 % de l'effectif total. 800 prêtres meurent chaque année. Les effectifs baissent annuellement de 600 à 700.

– Les causes d'un tel processus

Il serait bien prétentieux de prétendre analyser ici les causes de cette évolution : certains l'attribuent à une sorte de « démission » de l'Église et de ses responsables à propos de l'appel au ministère ordonné. Cette accusation est massivement injuste. Dès avant le Concile, pendant le Concile (place du problème dans les documents de Vatican II et depuis le Concile avec les Synodes de 1971 et de 1990, multiples interventions romaines, documents français) les textes et les initiatives concernant les prêtres, leur formation, les vocations n'ont pas manqué, tant au plan de l'Église universelle qu'à celui de l'Église de France (cf. le rapport Frétellière de 1972). C'est plus qu'une préoccupation, c'est presque une obsession. Je ne connais pas d'évêque qui n'en soit fortement affecté. Combien rêvent de rouvrir des séminaires, pour s'apercevoir qu'ils ne pourraient pas les remplir ? Sans doute, pendant la période de turbulence des années 1970, telle ou telle orientation malheureuse a pu affecter l'un ou l'autre

10. *L'Église catholique en France 1995*, *op. cit.*, p. 347.
11. Y. Lambert, *art. cit.*, p. 65.

séminaire. Mais tout cela est bien fini et n'a jamais été de la même échelle que le phénomène des vocations. Malgré tous les rapports, toutes les concertations, toutes les initiatives, cela répond peu. Je ne crois pas que l'on puisse parler de crise provisoire.

Manifestement, les causes sont à chercher dans l'état général de l'Église et de la société. C'est pourquoi il faudra élargir l'enquête. Le développement des vocations, comme l'annonce de la foi, passent par des médiations humaines. Le moins que l'on puisse dire est qu'il existe une contradiction profonde entre l'évolution actuelle de notre société et la maturation de vocations presbytérales selon la figure classique.

Évoquons seulement ici quelques paramètres qui conditionnent immédiatement cette maturation des vocations : ce qu'on a appelé le « troisième seuil » de sécularisation [12] ; l'allongement parfois surprenant de l'adolescence qui retarde considérablement les possibilités d'un engagement ferme ; la difficulté qu'a le jeune d'aujourd'hui à vivre le processus d'identification à un prêtre qui l'a marqué dans sa croissance spirituelle ; la perte de notoriété « professionnelle » des prêtres dans la société ; le spectacle de surmenages inquiétants ; l'inquiétude devant l'avenir et la « figure » que prendra le ministère presbytéral dans les années d'une maturité future.

– Les conséquences passées et présentes

Les conséquences dans le passé de ces dernières décennies sont bien décrites par H. Simon : « Il y eut d'abord la diminution du nombre des prêtres et des religieux(ses) chargés d'enseignement dans les écoles et collèges libres... ; puis la raréfaction des prêtres en aumôneries scolaires ; puis la quasi-disparition des vicaires ruraux ; parallèlement le nombre de religieuses gardes-malades, infirmières et catéchistes s'est lui aussi effondré ; et pour finir nous assistons à l'érosion des équipes sacerdotales. Là où il y avait trois prêtres, il en

12. H. Simon, *Documents-Épiscopat*, n° 8, avril 1992, p. 2-5.

reste 2, puis un seul. [...] C'est maintenant, en passant de 1 à 0, que se fait la prise de conscience [13]. » Cette évolution a affecté l'évangélisation des jeunes, qui autrefois étaient l'objet d'un encadrement pastoral prioritaire dans les collèges, les patronages, les mouvements divers, lieux de germination et de soutien de vocations possibles. Il en va de même pour l'évangélisation des petites gens qui étaient l'objet des visites du prêtre et de la religieuse du coin [14].

Le maintien en activité de nombreux prêtres jusqu'à 80 ans et plus, en raison de l'augmentation de la longévité, a masqué un certain temps le poids des conséquences [15]. Naguère encore un évêque pouvait se dire : mon presbyterium vieillit, mais la vraie crise sera pour mon successeur. Aujourd'hui les évêques en poste reçoivent de plein fouet la conséquence de la crise. Les prêtres et les fidèles en souffrent tout autant. Les membres d'un conseil presbytéral suisse déclarent : « Le manque de prêtres est un signe qu'il faut interpréter. On dit : "On est au creux de la vague, ça va repartir." On n'y croit pas. La situation dans certains doyennés est éloquente. Il faut trouver un mode nouveau. » De son côté, une correspondante française m'écrit : « La pénurie de prêtres est indéniable, et la situation devient de mois en mois plus catastrophique. Nos communautés "crèvent" du manque de prêtres, et ceux-ci, de moins en moins nombreux et de plus en plus âgés, sont surmenés, souvent épuisés. Des cantons entiers n'ont plus de messe dominicale régulière qu'au doyenné... Hors des villes, pour "pratiquer" maintenant il faut avoir une voiture. »

13. *Id., ibid.*, p. 2.

14. *Id., ibid.*

15. Cette activité qui va jusqu'au bout des forces est admirable. On peut se demander cependant si on n'en abuse pas, tant au regard d'hommes qui auraient droit à un légitime repos, qu'à celui des fidèles pour lesquels, parfois, le spectacle d'un vieillard infirme qui ne peut plus exercer un minimum de présence ou dont la parole est trop désaccordée avec ce qu'ils sont donne une image négative de l'Église.

– Les conséquences à venir

Dans ces conditions, vers quel type de presbyterium allons-nous ? Prenons l'exemple d'un diocèse moyen de 500 000 habitants en France, moitié urbain, moitié rural. Il y a des diocèses moins peuplés pour lesquels il faudrait adapter les chiffres proposés. Il y a aussi quelques diocèses de 1 000 000 d'habitants ou plus, en général très urbanisés, dans lesquels la situation peut être soit un peu meilleure, soit pire (je pense à la couronne parisienne). Le diocèse de Paris est et sera encore longtemps un cas à part, d'abord en raison des caractéristiques sociales de cette population, ensuite pour les raisons bien connues de la centralisation française qui amène à Paris un grand nombre de prêtres qui n'appartiennent pas au presbyterium diocésain (services de la conférence épiscopale, prêtres universitaires et étudiants, animateurs de revues, un plus grand nombre de religieux, etc.). Mais le risque est que cet arbre cache la forêt.

Nous avons vu qu'il y a 56 diocèses en France dont le nombre des ordinations annuelles est inférieur ou égal à une unité. Un diocèse de ce type compte actuellement 12 prêtres de moins de 50 ans. Si l'on admet que l'on est rarement ordonné avant 25 ans, ce diocèse a donc ordonné 1/2 prêtre par an. Si l'on projette la même proportion dans l'avenir, ce diocèse comptera, dans 20 ans, 22 prêtres de moins de 70 ans. Donc, une fois éteintes les générations plus nombreuses encore au travail dans leur 3e ou 4e âge, les diocèses de ce type, compte tenu des variations locales, disposeront au mieux d'un presbyterium de 30 à 35 prêtres actifs [16]. Les diocèses plus favorisés, disposant d'une moyenne d'une ordination par an ou un peu plus, auront un maximum de 50 prêtres (en considérant avec un certain optimisme que tous ces prêtres pourront exercer 50 ans).

Encore est-il que tous ces prêtres ne pourront pas être

16. Un évêque devant lequel j'évoquais ces chiffres avec quelque prudence m'a répondu : « Vous êtes plutôt optimiste. »

envoyés dans les paroisses et les aumôneries. Il faut compter avec les besoins de l'administration diocésaine, des équipes de formation pour les grands séminaires, des services de la conférence épiscopale (gros mangeurs de prêtres de qualité), de la recherche théologique (s'il est excellent qu'il y ait de plus en plus de laïcs théologiens, il serait très dommageable qu'il n'y ait plus de prêtres théologiens) et de l'évangélisation de la culture, des champs pastoraux non territoriaux, et enfin – *last but not least* – du choix des évêques. Car il faudra trouver une centaine d'évêques dans des presbyteria de plus en plus réduits.

Ceci veut dire qu'il ne sera même plus possible d'assurer un prêtre aux paroisses nouvelles, actuellement regroupées en fonction de décisions synodales diocésaines à partir d'un plus ou moins grand nombre de communes. Dans les petites villes il y aura tout juste un prêtre. Déjà des villes de moyenne importance (40 000 habitants) disposent de trois prêtres au maximum. Dans les grandes villes les paroisses les plus importantes disposeront encore d'un prêtre. Mais dans les banlieues il n'y en aura qu'un pour un secteur plus ou moins vaste. Les problèmes se poseront sans doute différemment dans le milieu urbain et dans le tissu rural où les distances kilométriques constitueront un lourd obstacle à la présence du prêtre.

Il apparaît dès lors évident que le « quadrillage » territorial hérité des générations précédentes changera non seulement de densité mais de *nature*. Le curé qui avait de 1 à 3 ou 4 paroisses pouvait encore connaître son peuple ; le prêtre désormais chargé d'un « secteur » de 15 ou 20 – on vient de me citer le cas de 27 – paroisses, dont le diamètre peut dépasser les 20 km est par rapport à son peuple dans une situation *qualitativement* différente. Non seulement il ne peut suffire à bien des tâches de la pastorale courante, mais il ne peut plus entretenir une relation vivante et concrète avec l'ensemble de ses paroissiens. C'est une tout autre relation pastorale qu'il doit inventer.

Devant cette évolution, il est clair que la participation des laïcs aux tâches pastorales se fera de plus en plus nécessaire. Dans les années qui viennent nous allons en France, selon toute vraisemblance, vers la constitution d'un « corps pastoral » où les laïcs seront majoritaires et dans certains endroits fortement majoritaires. Nous sommes donc encore au début d'un tournant et d'une mutation qui vont conditionner l'annonce de l'Évangile et toute la vie de l'Église dans les premières décennies du XXIe siècle.

– Les fragilités propres aux « nouveaux prêtres »

Il faut saluer avec le plus grand respect la générosité spirituelle des jeunes qui s'engagent aujourd'hui au service de l'Évangile, dans les presbyteria diocésains et dans les ordres et congrégations religieux, alors que l'environnement leur est si contraire. La plupart d'entre eux sont tout à fait lucides sur la situation de l'Église et de la foi en France. Ils ont pris plus de temps que leurs aînés pour mûrir leur décision. Plusieurs ont trouvé la foi à l'âge adulte [17]. Cependant la générosité ne suffit pas à tout. On ne peut exclure chez quelques-uns un souci de sécurité ou des motivations complexes, qui devront se clarifier un jour.

Une idée reçue veut que, si les jeunes prêtres sont peu nombreux dans l'Église, leur taux de fidélité soit très supérieur à celui des anciens, pour ne pas dire à 100 %. La réalité est plus complexe : les « nouveaux prêtres » (expression que je prends aujourd'hui en un sens bien différent de celui d'un roman de Michel de Saint-Pierre qui a défrayé naguère la chronique) portent avec eux toute la fragilité de l'époque dans laquelle ils vivent. On ne saurait leur en faire grief : il ne peut en être autrement. On ne se décide pas pour le presbytérat aujourd'hui dans les conditions d'il y a 50 ou même 30 ans. Il serait illusoire de prétendre que ces hommes ne se heurtent pas déjà et ne se heurteront pas, comme leurs aînés,

17. Cf. C. Flipo, *art. cit.*, p. 517.

à la contradiction apostolique et aux épreuves qui marquent les différents âges de la vie et font que l'on est périodiquement contraint de faire des bilans. L'environnement ecclésial de ces maturations sera moins porteur que par le passé.

A ces considérations encore très générales il faut ajouter des données de situation qui compliquent encore le problème. Devant le petit nombre de vocations la tentation de certains évêques est d'être moins exigeants sur les conditions qu'un candidat doit normalement remplir. Des cas se sont présentés dans la France de ces toutes dernières années où un évêque ait accepté d'ordonner un candidat qui avait été formellement refusé par un autre évêque, le plus souvent d'ailleurs sans consulter celui-ci sur ses raisons [18]. Une telle attitude accumule des charbons ardents sur l'avenir de l'Église en France. Il faudrait partir d'un adage inverse : « Moins on aura de candidats, plus on devra être sévère sur les conditions à remplir », pour la simple raison que le prêtre d'aujourd'hui et de demain devra posséder une structure personnelle infiniment plus forte que ses aînés pour pouvoir tenir le coup et vivre un célibat heureux.

La force des choses conduit aussi ces jeunes prêtres à assumer prématurément des charges importantes, avant d'avoir pu roder une expérience pastorale dans la collaboration avec leurs aînés. Il faut penser à la solitude de vie de plus en plus grande à laquelle ils sont confrontés. Le temps des équipes presbytérales est dans bien des cas terminé : combien de diocèses peuvent encore s'offrir ce luxe ? Or bien des jeunes ne sont pas préparés à ce genre de vie et certains peuvent en venir à « craquer ». Il y a enfin la surcharge et le surmenage. J'entendais récemment un jeune prêtre demander à l'un de ses confrères : combien as-tu d'« outres » ? Il voulait signifier par là les fonctions annexes libellées dans le texte de nomination par une série de « en outre, il assurera la responsabilité de... ».

---

18. J'ai eu vent de certains cas. La même chose est mentionnée par Cl. Flipo, *art. cit.*, p. 522.

De plus, le presbyterium qui est train de se structurer dans certains diocèses est particulièrement composite. Nombre d'évêques, angoissés par le manque de prêtres, cherchent à en trouver, quel que soit le style de leur formation et de leurs orientations. Non seulement ces presbyteria sont en train de perdre la solidarité de base entre les prêtres, qui leur venait autrefois d'une formation commune et d'une connaissance enracinée dans la jeunesse, mais ils se trouvent divisés par des options pastorales diverses sinon contradictoires. On assiste parfois à un affrontement des ecclésiologies entre les jeunes prêtres et leurs aînés. Comme me le disait récemment un curé avec un grand bon sens, le problème est de savoir si notre pastorale doit aller au-devant des gens ou doit attendre que ceux-ci viennent vers nous.

On sait aussi que la nouvelle génération des prêtres est partiellement traversée par un souci identitaire plus ou moins poussé, qui se traduit par des signes extérieurs (costumes, col romain, pour certains la soutane), mais aussi par des options liturgiques et pastorales autoritaires et décidées [19] et parfois plus globalement par un refus du monde [20]. Ceci vient pour une part du fait qu'une proportion relativement importante d'entre eux est issue de milieux « traditionalistes ». Mais le souci identitaire est le signe d'une fragilité, d'un doute et d'une inquiétude sur sa propre identité. Il suffit au chrétien d'être lui-même et de vivre dans la sérénité la différence qui le caractérise. Le souci identitaire se fait aussi logiquement autoritaire. Il arrive à certains, quand ils sont envoyés dans une paroisse ou une aumônerie, de balayer autoritairement la collaboration existante avec les laïcs. Ils « reprennent les choses en mains », montrent qu'ils sont maîtres chez eux et imposent leurs vues des choses à des fidèles qui avaient fait bonnement le cheminement demandé par Vatican II.

---

19. Cf. C. Flipo, *art. cit.*, p. 519-520.
20. Cf. J. Rigal, *L'Église en chantier*, Paris, Cerf, 1994, p. 63-67.

La baisse des effectifs dans la vie religieuse

Les vocations à la vie religieuse masculine et féminine, en particulier pour les ordres et congrégations apostoliques, connaissent la même courbe descendante. Du côté masculin, les entrées au noviciat dans les instituts religieux français se situaient autour de 680 au milieu du siècle et étaient tombées à 150 en 1991 [21]. Le nombre des religieux vivant en France a diminué de plus de 2 500 de 1980 à 1993 [22]. De 1975 à 1991, la moyenne annuelle des ordinations se situe à 50 par an [23].

Du côté féminin la courbe des vocations a connu une chute comparable. Le nombre total des religieuses en France est passé de 112 000 en 1969 à 101 700 en 1973 [24] et les religieuses apostoliques de 92 000 en 1977 à 66 000 en 1989, 60 000 en 1991 et à 56 000 en 1995. Ce chiffre est encore impressionnant, puisqu'il est le double de celui des prêtres. Mais de 1969 à 1995, soit en 26 ans, l'effectif des religieuses apostoliques en France a fondu de la moitié environ. Pendant le même temps le vieillissement s'est accru : « En 1969 la moyenne d'âge était de 55,6 ans [...]. Elle a passé en 1990 la barre des 65 ans, rejoignant ainsi celle du clergé diocésain

21. Les effectifs des moines ont toujours été plus réduits. Ils sont aujourd'hui 1 600 en France (*L'Église catholique en France 1995, op. cit.*, p. 350). Dans les années d'après-guerre les abbayes ont connu une forte embellie, au regard de la diminution des vocations apostoliques. Mais aujourd'hui la difficulté du recrutement se fait aussi sentir, très inégalement, dans les monastères.

22. *L'Église catholique en France 1995, op. cit.*, p. 349.

23. Certains religieux sont intégrés à la pastorale diocésaine. Dans l'un ou l'autre diocèse ils constituent même une part notable du presbyterium.

24. Les moniales sont aujourd'hui 6 000 en France. « Si la diminution des vocations se fait aussi sentir chez les moniales, elle est moins aiguë que pour les autres formes de vie religieuse » (*L'Église catholique en France 1995*, p. 354). Mais une mauvaise pyramide des âges peut aller jusqu'à remettre en cause le maintien d'une abbaye ou d'un couvent. Les visitandines et les carmélites ont déjà connu en Europe occidentale un certain nombre de regroupements.

français [25]. » « En 1945 on recensait 3 561 entrées, réparties sur 360 congrégations environ. Dès 1965 ce chiffre tombe à 1 724, pour s'effondrer en 1973 où il n'est plus que de 420. Depuis les années 1980, ce dernier se stabilise entre 200 et 300 entrées par an. Et il ne faut pas oublier que ce nombre des entrées ne signifie pas pour autant que toutes ces jeunes femmes restent dans les congrégations ! [26] » L'évolution est donc assez parallèle à celle des ordinations en France. Il faut aussi remarquer qu'« en 1985 les novices d'origine étrangère représentaient près d'un tiers des effectifs totaux, soit 116 personnes [27] ». Le nombre de créations d'instituts au XXe siècle a été infiniment inférieur à celui du XIXe siècle. Depuis le milieu du siècle ces créations se réduisent à peu d'unités [28]. Une statistique prospective pour 2005 donne les résultats suivants : il y aura 5 % de religieuses de moins de 50 ans ; 12 % entre 50 et 65 ans, 36 % de 65 à 80 ans et 47 % de plus de 80 ans.

Dès aujourd'hui, c'est la survie d'un certain nombre d'instituts qui est en jeu. La vie religieuse féminine a compté un plus grand nombre d'instituts que chez les hommes, mais avec des effectifs plus réduits. Quand, dans une population limitée, la pyramide des âges prend un tour dangereux, on peut arriver à un point de non-retour. Les jeunes recrues éventuelles ne peuvent plus s'intégrer à un corps vieillissant, surtout quand on sait la distance dans les mentalités que crée la différence des générations. Pour beaucoup d'instituts se pose aujourd'hui la question de l'association, de la fédération ou de la fusion, opération toujours délicate, qui occasionne bien des souffrances. Mais c'est cela, ou attendre la mort...

---

25. Je suis pour ces chiffres le *Document-Épiscopat* déjà cité de H. Simon et M. Leboucher, *Les Religieuses. Des femmes d'Église se racontent*, Paris, Desclée de Brouwer, p. 94.

26. *Id., ibid.*, p. 195.

27. *Id., ibid.*, p. 196.

28. Mais le phénomène des fondations s'est déplacé du côté des « communautés nouvelles », cf. *infra*, p. 56.

Les causes de cette diminution sont du même ordre que pour les vocations presbytérales ou religieuses masculines. J. C. Guy en avait naguère fait un certain diagnostic [29], en montrant comment deux modèles de vie religieuse se sont effondrés. Ici encore, le phénomène d'identification à travers une religieuse rayonnante fonctionne mal, car les jeunes rencontrent de moins en moins de religieuses.

Sur le terrain, cette diminution drastique se traduit par la disparition de nombres de maisons, de résidences, d'œuvres, d'institutions ou d'implantations de toutes sortes, grandes ou petites, généralement sans bruit. « Dans certains endroits, dans des quartiers défavorisés ou des villages de campagne, il suffirait de retirer la petite communauté religieuse existante pour que la présence de l'Église disparaisse. Par son humilité même et sa faiblesse, ce signe fragile d'une vitalité chrétienne a beaucoup de prix [30]. » C'est malheureusement ce qui se produit fréquemment. Toute une toile de présence et de témoignage évangéliques se déchire. Dans les meilleurs des cas l'œuvre est reprise par des laïcs ou des « communautés nouvelles » qui la rajeunissent. Mais, trop souvent, il s'agit d'une disparition pure et simple.

Une crise dans l'Église

On se focalise volontiers sur la diminution des vocations presbytérales et ses conséquences. Mais on oublie souvent de situer ce phénomène dans l'environnement global qui permet de l'interpréter et d'en tirer les justes conséquences pour l'avenir. Cette crise des vocations est solidaire d'une crise plus générale et plus diffuse qui affecte l'Église en général, en France particulièrement, mais aussi dans beaucoup de pays d'Occident. Ce contexte général ne permet pas de compter

29. J. C. Guy, « La vie religieuse en crise ? », *Documents-Épiscopat,* nº 11, juin 1985.

30. B. Delizy, in M. Leboucher, *op. cit.,* p. 84.

sur un prochain et vigoureux retournement de la courbe des vocations. Dans son double volet, à la fois négatif et positif, il nous oriente vers des situations nouvelles dans lesquelles il faut discerner ce que l'Esprit dit aux Églises [31].

Le « carrefour des religions »

Ce sous-titre est emprunté à une émission de radio du dimanche matin. De même, la séquence pluraliste des émissions de la télévision où se succèdent musulmans, juifs, orthodoxes, protestants et catholiques, présente à la fois l'image d'une cohabitation, pacifique et tolérante entre les religions, et celle d'un libre marché des convictions.

La France était un pays traditionnellement catholique : elle compte encore aujourd'hui 45 millions de baptisés catholiques (sur une population de 57 millions), dont près de 10 millions de pratiquants réguliers et autant de pratiquants occasionnels [32]. Jusqu'à une époque récente la confrontation religieuse, autrefois conflictuelle, maintenant œcuménique, demeurait intra-chrétienne ; elle concernait les protestants (900 000 fidèles) et les orthodoxes (entre 150 000 et 200 000 fidèles) [33]. Il n'en va plus de même aujourd'hui. Le grand défi vient de la présence de plus en plus forte des religions non chrétiennes au milieu des confessions chrétiennes.

D'une part, l'islam, religion à prétention universelle, est en situation conquérante du simple fait de l'importance de l'immigration musulmane. On parle de 4 000 000 de musulmans en France (qui sont donc considérablement plus nombreux que toutes les Églises chrétiennes non catholiques réunies) et nul ne peut prédire que ce chiffre ne sera pas en augmentation constante dans les prochaines décennies, du

31. Que le lecteur ne sépare pas la suite de l'exposé des « défis » de celui des « germinations », cf. *infra*, p. 53-69.

32. Chiffres tirés de *L'Église catholique en France 1995*, *op. cit.*, p. 380.

33. *Id.*, *ibid.*

simple fait de la pression démographique des pays du Maghreb et de l'Afrique noire, comme de la plus grande fécondité de ceux qui sont déjà installés en France. Déjà l'importance numérique induit des changements institutionnels, des revendications d'ordre religieux et culturel et un premier prosélytisme. Cette situation nouvelle contribue même à modifier le concept de laïcité vécu dans la République française.

De son côté, la communauté juive compte environ 650 000 membres. Le judaïsme connaît un renouveau religieux certain en France depuis la fin de la seconde guerre mondiale. Le témoignage qu'il donne tient une place importante dans notre paysage spirituel.

Les religions orientales attirent également des Occidentaux en mal de spiritualité. Selon l'Union bouddhiste de France, il y aurait aujourd'hui près de 600 000 bouddhistes, dont 150 000 Français [34]. Il faut aussi mentionner le succès des sectes diverses, dont la référence chrétienne, quand elle demeure, n'est qu'une façade et où se trouvent souvent un certain nombre de « déçus du christianisme ». Il y a enfin la nébuleuse du « Nouvel Age », qui cherche à construire le futur dans le syncrétisme flou d'aspirations religieuses et cosmiques [35]. C'est à ce sujet que l'on peut parler d'un « retour du religieux », qui fait suite à la grande vague de « la mort de Dieu » et à la notoriété de l'athéisme des années 1960 et 1970 [36].

Une conclusion s'impose. L'univers religieux français n'est plus aussi massivement catholique, et même chrétien qu'autrefois. (Les difficultés des Églises de la Réforme sont très voisines de celle de l'Église catholique). On reconnaissait implicitement à l'Église catholique en France un statut

---

34. Cf. D. Gira, « La présence bouddhiste en France », *Documents-Épiscopat*, n° 13, sept. 1991.

35. Cf. H. Bonnet-Eymard *et alii*, « Interrogés par le Nouvel Age », *Études*, févr. 1993 (378/2), p. 249-258.

36. Je reviendrai plus loin sur le dialogue œcuménique et le dialogue interreligieux, qu'il faut mettre du côté des germinations positives.

de « service public de la religion [37] ». La chose est de moins en moins vraie aujourd'hui. L'impact sur les mentalités de cette situation nouvelle est évident. Dès l'enfance le jeune Français est confronté au pluralisme religieux. Chez l'incroyant cela entretient l'idée que toutes les religions se valent finalement et que leur multiplicité même est le signe qu'elles ne peuvent prétendre à la vérité. Cela modifie chez le croyant lui-même son rapport à sa propre foi et à son Église. Il pose de nouvelles questions et cherche à comprendre ce phénomène. La tentation du relativisme religieux devient pour lui plus concrète. Dans une enquête sur laquelle il nous faudra revenir, Y. Lambert écrit : « En 1952, environ la moitié des baptisés catholiques de "21-34 ans" estimaient que "la religion catholique est la seule vraie". Dans l'enquête *Valeurs* de 1981, seulement 11 % des "18-24 ans" considéraient qu'"il existe une seule vraie religion" (soit environ 15 % des baptisés catholiques), concurremment aux réponses : "Dans toutes les grandes religions du monde, on peut trouver des vérités et des significations fondamentales" (52 %) et : "Aucune n'a de vérité à offrir" (33 %) [38]. » En même temps, un reproche nouveau est adressé aux religions : leur prétention à l'absolu les amène à cautionner la violence, sinon à l'encourager directement, par leur intolérance mutuelle. Les intégrismes musulmans, les conflits de l'Irlande du Nord et de l'ex-Yougoslavie en sont les exemples les plus proches. Ils sont loin d'être les seuls dans le monde.

Il ne s'agit pas de regretter l'ancien état de choses, mais de prendre acte d'une situation religieuse et spirituelle nouvelle, dans laquelle le christianisme catholique ne peut faire entendre qu'une voix parmi d'autres, même s'il reste encore majoritaire. Celui-ci est en face d'un défi auquel bien de ses

37. Cf. Rapport de Mgr C. Dagens, « La proposition de la foi dans la société actuelle », *DC* 2105 (1994), p. 1057 et Assemblée plénière de l'épiscopat français de 1994, *L'Évangile est attendu*, Paris, Centurion, 1995.

38. Y. Lambert, *art. cit.*, p. 65.

membres sont encore mal préparés et qui lui impose un réel changement de visage et de comportement. Déjà la catéchèse des enfants en tient compte, mais l'adaptation reste encore largement à réaliser. De plus en plus, la parole de l'Église ne trouvera de crédibilité qu'au regard du témoignage de ses communautés et de la qualité de son agir.

La diminution du nombre des catholiques croyants

Notre siècle a été, dans le monde catholique, le siècle de l'Église à bien des titres : que l'on songe au renouveau de la théologie de l'Église dès sa première moitié, à la prise de conscience de la responsabilité des laïcs, aux réalisations de l'Action catholique, à l'apport ecclésiologique de Vatican II et à la mise en honneur d'une ecclésiologie de communion. Or, paradoxalement, au terme de ce siècle de l'Église nos églises se vident, tandis qu'il y a de moins en moins de prêtres pour y célébrer le culte. Jamais nos églises de pierre n'ont été aussi bien entretenues, rénovées, rendues à leur splendeur première par des municipalités généreuses ; mais ces mêmes églises sont généralement fermées [39], pour les protéger du vandalisme, ce qui veut dire que la surveillance diffuse qu'entraînait leur simple fréquentation a disparu. On visite de moins en moins les Églises pour ce qu'elles sont, mais on organise des tournées de visites culturelles pour en admirer l'architecture.

Ce qui est en cause aujourd'hui, c'est la situation de la foi catholique et la consistance même du peuple catholique de France dont on constate l'évolution comme celle d'une peau de chagrin. Deux paramètres principaux doivent être ici ana-

39. Quand j'étais enfant, un des signes distinctifs pour moi du temple protestant était qu'il demeurait fermé en dehors des cultes, tandis que l'Église catholique demeurait ouverte toute la journée. Je m'aperçois aujourd'hui que ce fait était lié au petit nombre des croyants, souvent dispersés, et à l'impossibilité d'exercer une surveillance du lieu. C'est le même phénomène qui oblige aujourd'hui à fermer les églises catholiques.

lysés, celui de la pratique sacramentelle et celui des croyances concrètes comparées à l'enseignement officiel de la foi de l'Église.

« Les enquêtes d'ordre quantitatif révèlent soit la baisse de la pratique religieuse et de la sacramentalisation, soit la diminution accentuée du nombre des vocations sacerdotales et religieuses, soit des écarts importants qui affectent, selon les régions et les diocèses, les effectifs d'enfants catéchisés [40]. » La diminution de la pratique dominicale est trop connue pour qu'il soit besoin d'y revenir. On a pris l'habitude de voir une paroisse de plusieurs milliers d'habitants en ville ne rassembler chaque dimanche que de 5 à 10 % des catholiques. Encore y existe-t-il un « rideau » de pratiquants. Mais dans les paroisses moins nombreuses ou rurales, ce rideau se troue lui-même pour ouvrir parfois sur le vide. Combien de prêtres en monde rural ne rassemblent qu'une petite poignée de fidèles pour une messe qui concerne tout un canton ? De même, « si en 1952 un Français catholique sur deux se confessait "au moins une fois par an", il n'en reste plus que 14 % en 1983 [41] ».

Le taux des baptêmes catholiques, dont le premier décrochage date de 1963 [42], est tombé par rapport à l'ensemble des naissances, à 64 % en 1987. Selon d'autres chiffres, en 1979 il y avait 515 600 baptêmes catholiques (pour 757 400 naissances) ; en 1992 il y en a 449 500 (pour 743 600 naissances), c'est-à-dire une baisse de 66 000 baptêmes, ou d'environ 8 %. La catéchisation catholique était évaluée en 1991-1992 à 40 % des 8-12 ans. La profession de foi est en baisse d'un à deux points par an. La courbe descendante des mariages est

40. Rapport de Mgr C. Dagens, *op. cit.*, p. 1043.

41. J. Joncheray, « La pratique ecclésiale du sacrement de pénitence dans son contexte social », in L. M. Chauvet et P. De Clerck éd., *Le sacrement du pardon entre hier et demain*, Paris, Desclée, 1993, p. 20.

42. Dès 1974, un livre de Julien Potel, *Moins de baptêmes en France. Pourquoi ?*, Paris, Cerf, analysait le processus de la « baisse générale du nombre des baptisés ».

plus spectaculaire encore : 227 700 mariages catholiques en 1979 (sur 340 400 mariages civils) et 137 500 en 1992 (pour 271 400 mariages civils), soit une baisse de 90 200, ou 33 % environ de baisse [43], et 50 % du chiffre global des unions. « Quel que soit le mode de calcul retenu, écrit Y. Lambert, la courbe de la pratique religieuse ressemble toujours à un toboggan, l'effondrement étant en outre plus précoce chez les adolescents [44]. »

Mais aujourd'hui on ne peut plus se contenter des critères de la pratique pour évaluer le catholicisme français. On ne peut sans plus distinguer la catégorie des pratiquants et des croyants. Autrement dit, tous ceux qui se reconnaissent aujourd'hui catholiques sont loin de professer la foi catholique sur nombre de points essentiels du Credo. Une série d'enquêtes récentes sur ce sujet montre le progrès des « croyances floues [45] ». On y lit des proportions surprenantes dans les réponses : 54 % des catholiques seulement croient par exemple que Jésus est le Fils de Dieu. La résurrection du Christ, la Trinité, la résurrection des morts et la vie éternelle sont aussi l'objet de réponses très diversifiées, tandis que la croyance en la réincarnation se développe. La pratique et la croyance évoluent désormais de pair, positivement comme négativement.

Bref, ce ne sont pas seulement les signes institutionnels de l'Église qui rétrécissent comme une peau de chagrin, c'est le nombre même des croyants. Sans doute existe-t-il toujours,

---

43. *L'Église catholique en France 1995,* p. 255.

44. Y. Lambert, *art. cit.,* p. 64. Certains des chiffres qui précèdent lui sont empruntés.

45. Par exemple, pour n'en citer que les plus récentes, *Les Français sont-ils encore catholiques ? Analyse d'un sondage d'opinion,* par G. Michelat, J. Potel, J. Sutter et J. Maître, Paris, Cerf, 1991 (le sondage datant de 1986) ; « L'astre catholique », enquête commentée par F. Mounier, dans *La Croix* du 20 mai 1994 ; et « Croyances floues », enquête commentée par H. Tincq, *Le Monde,* 12 mai 1994. L'interprétation de ces sondages est délicate, car le dénominateur de référence varie de tous les Français à ceux qui se disent catholiques.

dans nombre de villes et de régions, des milieux traditionnels qui restent profondément chrétiens. Mais le peuple catholique en France, en dehors des grands centres urbains, devient de plus en plus une « diaspora ». Naguère, K. Rahner, dans des livres qui ont connu un moment de célébrité en France sur *Mission et grâce*[46], évoquait la situation de diaspora des catholiques dans certaines régions d'Allemagne. Nous sommes confrontés aujourd'hui à cette situation, à laquelle l'expérience pastorale française ne nous a pas préparés.

L'échec de la transmission de la foi aux jeunes

Il faut être encore plus précis. Ce qui vient d'être dit affecte en priorité les jeunes, à propos desquels on peut affirmer que le fil de transmission de la foi est pour beaucoup d'entre eux cassé. Le terme de transmission exprime une réalité bien concrète de la condition humaine dans l'accès à la foi, même si en rigueur de terme la foi ne se transmet pas, mais reste le mystère du don de Dieu et de l'accueil de chaque liberté.

– Les chiffres de la sociologie

Une récente enquête sociologique, menée avec finesse et probité, nous met en présence de la réalité actuelle de la foi chez les jeunes[47]. Arrêtons-nous un instant sur son diagnostic. L'auteur, Y. Lambert, estime que l'observation des jeunes Français donne « l'impression d'une sortie de la religion[48] ». Tous les critères de l'appartenance religieuse (baptême, catéchisme, profession de foi, mariages, pratique cultuelle) sont en baisse. L'appartenance religieuse des jeunes, descendue à

---

46. Surtout les tomes II et III, Paris, Mame, 1963 et 1965.

47. Y. Lambert, « Les jeunes et le christianisme : le grand défi », *art. cit.* – Cf. aussi le collectif *Crépuscule des religions chez les jeunes ? Jeunes et religions en France*, sous la dir. de Y. Lambert et G. Michelat, Paris, L'Harmattan, 1992.

48. Y. Lambert, *art. cit.*, p. 63.

65 % dès 1984, à chuté à 42 % en 1990. Le taux des jeunes catholiques n'est plus que de 37 % à ce moment : « C'est une inversion sans précédent qui autorise à parler de jeunesse post-chrétienne au sens propre [49]. »

Si l'image de l'Église, remarque cet analyste, reste positive dans cette génération en ce qui concerne son option pour les plus pauvres, sa défense de la paix et des droits de l'homme, si elle est considérée comme une « institution intègre », par contre la « rigidité » de son enseignement dans le domaine de la morale, « son esprit de certitude et d'autorité » ne passent plus dans un monde marqué par la permissivité. « Rien n'est plus étranger, pour ne pas dire révoltant, aux yeux de la majorité des jeunes, que le fait qu'une institution puisse se prétendre détentrice de la vérité et de la morale, *a fortiori* dans des domaines ou comportements que ses porte-parole ne vivent pas eux-mêmes [50]. »

Il est inutile de poursuivre ici l'analyse détaillée des opinions concernant les contenus principaux de la foi : « C'est l'ensemble des croyances qui, de manière frappante, glissent vers le relativisme, le probabilisme [51]. » En même temps les « croyances parallèles progressent » (télépathie, astrologie, réincarnation). Ce qu'on a appelé « le retour du religieux » ne fut qu'un phénomène très minoritaire et passager. Certains n'hésitent pas à parler à ce sujet d'une « seconde révolution française [52] ». Mais il s'agit là d'un phénomène européen : « La chute est aussi forte chez les jeunes Espagnols ou Anglais que chez les jeunes Français et elle est même plus forte chez les jeunes Belges et surtout Hollandais [53]. » Le catholicisme allemand connaît lui aussi une crise analogue, avec le désir exprimé par certains jeunes catholiques d'être

---

49. *Id., ibid.*, p. 64.
50. *Id., ibid.*, p. 65.
51. *Id., ibid.*, p. 68.
52. Cf. H. Mendras, *La Seconde Révolution française, 1965-1984*, Paris, Gallimard, 1988.
53. Y. Lambert, *art. cit.*, p. 71.

rayés des registres de l'Église, afin de ne pas payer l'impôt cultuel.

D'autre part, la fréquentation plus faible de la catéchèse pour enfants et jeunes, la baisse de l'encadrement des jeunes dans les diverses institutions chrétiennes, jointes à un appauvrissement de l'enseignement de l'histoire, ont engendré chez beaucoup de jeunes d'aujourd'hui une perte de « mémoire chrétienne ». Dans l'enseignement que ces derniers reçoivent, la référence à l'histoire du christianisme comme source fondamentale de notre culture est de plus en plus faible, au point de poser un problème spécifique d'une « information sur les religions » sur lequel on se penche désormais. « Nous ne pouvons pas cacher notre inquiétude, écrit le rapport de Mgr Dagens, pour ce qui concerne en France la transmission de la culture religieuse et la place du fait religieux dans l'éducation [54]. » Certains jeunes, privés de toute transmission, même culturelle, de la foi chrétienne, se sentent alors tentés par le religieux païen.

– Un échec jusque dans les milieux chrétiens

Une évolution semblable affecte, en plus du catholicisme « sociologique », les milieux les plus chrétiens. Depuis 20 ans déjà on s'interroge devant le phénomène de la non-transmission de la foi d'une génération à l'autre, dans des familles où les conditions nécessaires à une bonne transmission semblaient *a priori* remplies. « La moitié environ des parents pratiquants ont des enfants pratiquants », dit encore Yves Lambert [55]. Combien de foyers catholiques, qui ont vécu avec enthousiasme l'événement de Vatican II, qui ont donné de leur foi un témoignage vivant, ouvert et engagé, voient avec tristesse la génération de leurs enfants prendre paisiblement une tout autre direction. On peut maintenant observer le phénomène, amplifié, à la génération des petits-enfants. Désor-

54. Rapport de Mgr C. Dagens, *op. cit.*, p. 1058.
55. Y. Lambert, *art. cit.*, p. 64.

mais, la cohérence nécessaire entre les différentes instances éducatrices (famille, école, milieux de vie, médias, tout ce qui véhicule des options morales) n'existe plus [56]. Certains adolescents ont même de la difficulté à vivre leur foi dans le milieu scolaire.

D'autre part, du fait des turbulences culturelles des années 1970, les jeunes de cette époque devenus parents « se retrouvent dans la quasi-impossibilité de transmettre à leurs enfants une expérience religieuse : ne l'ayant pas faite par eux-mêmes, pour la majorité d'entre eux, comment pourraient-ils en parler [57] ? ». « Dans les générations qui ont suivi mai 68, les parents ne sont plus à même de répondre à la demande éducative de leurs enfants, tant sur un plan humain que sur le plan plus spirituel [58]. » C'est la substance vive du catholicisme français qui est ici en état d'hémorragie. Il serait vain d'opposer à ce constat ce qu'on appelle le « retour du religieux ». Outre les ambiguïtés déjà signalées de ce phénomène, il reste numériquement discret au regard de la masse française désormais indifférente aux problèmes religieux.

Une société largement post-chrétienne

Par bien des aspects la France vit donc une situation post-chrétienne. L'heure est à l'individualisme dominant et aussi à l'indifférence religieuse apparemment sereine, même si elle recouvre une forte angoisse. On assiste ainsi à une forme de divorce paisible entre notre société et l'Église catholique, presque à un divorce à l'amiable ou par consentement mutuel. Chacun respecte l'autre sans aucune agressivité. Le temps du militantisme anticlérical est presque révolu ; mais aussi celui du langage militant de la « reconquête ». Chacun suit son chemin sans tenir compte de ce qu'est ou de ce que fait

56. Même constat dans le rapport de Mgr Dagens, *op. cit.*, p. 1051 et 1057.
57. H. Simon, *Documents-Épiscopat*, n° 8, avril 1992, p. 5.
58. Témoignage d'une religieuse, M. Leboucher, *Les Religieuses*, *op. cit.*, p. 46.

l'autre. Cela ne correspond évidemment pas à une intention pastorale de la part des responsables de l'Église, mais c'est ce qui, de l'extérieur, semble se lire dans les faits. Notre monde post-chrétien cherche de plus en plus ses valeurs et ses repères en dehors de l'Église, écoute son discours mais ne l'entend pas. L'image de celle-ci véhiculée par les médias reste terriblement partielle, déformante, parfois caricaturale. Sans doute un grand nombre de valeurs chrétiennes ont-elles transité dans notre société, où elles se sont émancipées. Leur héritage demeure vif, au moins dans le présent. Mais aussi un paganisme subjectivement innocent revient, comme on le voit, à propos de certaines questions graves (l'avortement par exemple). Que l'abbé Pierre, l'homme le plus populaire de France selon les sondages, ait été sifflé à la télévision parce qu'il rappelait, à propos du sida, la valeur de la fidélité en amour, est éloquent [59].

Un catholicisme français profondément divisé

Il faut ajouter à cet inventaire une autre réalité, typiquement française celle-là, mais qui contribue à diminuer la cohérence du catholicisme en France. Il s'agit de sa division en deux grandes orientations, que la Révolution française a sans doute cristallisées et qui ont pris depuis lors des noms différents. Au point de départ, il y eut la déchirure entre évêques et prêtres jureurs et non jureurs au regard de la Constitution civile du clergé imposée en 1792. Une fois la tourmente révolutionnaire passée il fallut réconcilier l'Église de France à l'intérieur d'elle-même. Lors du concordat de 1801, Pie VII consentit à l'exigence de Bonaparte en demandant la démission de tous les évêques français. Il était acquis que le

59. Pour une analyse sociologique de cette évolution en Suisse, en France, au Canada francophone et en Belgique, cf. J.-P. Willaime, « Les métamorphoses contemporaines du croire à la lumière d'enquêtes récentes », *Archives des Sciences sociales des religions*, 82, avril-juin 1993, p. 239-245.

nouvel épiscopat serait formé d'un tiers d'anciens non-jureurs, d'un tiers d'anciens jureurs et d'un tiers de nouveaux promus. Par cet « amalgame » on entendait refaire l'unité du catholicisme français. Au plan proprement institutionnel ce fut une réussite qui évita diverses formes de schismes. Mais la conversion des mentalités ne suivit pas.

On en voit l'illustration tout au long du XIXe siècle. D'un côté, il y a un catholicisme dont l'ultramontanisme à la manière de Joseph de Maistre sera plus sociologique qu'ecclésiologique, fortement conservateur, épris de « restauration », opposé aux évolutions de la société, qui développe ses institutions comme une sorte de forteresse, parfois réactionnaire au plan politique, généralement royaliste jusqu'à la fin du siècle. Le signal du ralliement à la République donné par Léon XIII ne fit pas l'unanimité dans ces milieux. Cette tendance favorise un catholicisme autoritaire, sécuritaire au plan doctrinal, refusant tout débat et fonctionnant un peu comme un « parti » discipliné. De l'autre côté, on trouve le catholicisme libéral, longtemps gallican en ecclésiologie, beaucoup plus ouvert au monde moderne, à la justice au plan social avec les « abbés démocrates » et le « catholicisme social », à la République au plan politique et plus sensible aux valeurs de liberté. Ses représentants essaient d'engager un débat constructif avec le monde moderne.

Au début du XXe siècle les choses se radicalisent. Face à la crise moderniste certains conservateurs se veulent des catholiques « intégraux » ou « intégralistes » : c'est l'origine de l'« intégrisme » qui soupçonne partout l'hérésie. Au regard de ce terme il est difficile de nommer l'autre tendance qu'il serait injuste de confondre avec le modernisme doctrinal proprement dit ; le terme de libéralisme est sans doute le moins mauvais. Mais cette crise moderniste, les interventions de Pie X, les lois de séparation en France, puis la condamnation du Sillon de Marc Sangnier, favorisèrent la forme d'un catholicisme toujours conservateur, s'affirmant en opposition à une République anticléricale. Dans l'autre sens notre siècle vécut la condamnation de l'Action française en 1926, dont on sait combien elle déchira ces mêmes milieux catholiques. Certains ne se soumirent jamais. L'intégrisme a connu d'ailleurs des nuances, plus ou moins extrémistes, plus ou moins doctrinales ou politiques.

Un clivage analogue se fit sentir lors du gouvernement de Vichy, qui donnait de nombreux gages à l'Église et que nombre d'évêques soutinrent au nom de l'ordre, de la remise en honneur des valeurs chrétiennes, sans se soucier que ce régime était un « prince-esclave » (G. Fessard) entre les mains de l'idéologie nazie. Malgré les prises de position d'évêques courageux qui payèrent de leur personne, la majorité de l'épiscopat affirma l'exigence morale de la soumission au service obligatoire du travail (STO) décidé par les Allemands. De telles consignes troublèrent profondément les consciences de jeunes chrétiens qui voyaient leur devoir envers leur patrie sous un tout autre angle. Pour la première fois l'autorité d'une parole d'Église était mise en cause, au nom de la morale elle-même. Au lendemain de la guerre, on retrouve cette fracture entre ceux qu'on appelle d'un côté toujours intégristes ou fondamentalistes – à l'égard desquels le cardinal Suhard prit fermement position en 1947 – et les « progressistes ». Le deuxième terme est assez flou, car il y eut des formes diverses de progressisme. Dans l'une d'entre elles il a recouvert un temps l'idée de l'adoption de l'analyse marxiste comme porteur d'une vérité politique et sociale. Il est quelque peu désuet aujourd'hui où l'on parle plutôt de « catholiques de gauche ».

Vatican II fut un événement considérable de ce point de vue, puisqu'il s'inscrit majoritairement dans la perspective de l'ouverture au monde et de la réconciliation avec lui, et pose des principes doctrinaux et ecclésiologiques qui marquent un angle net avec l'attitude antérieure de l'Église. La conséquence en fut d'une part la généralisation d'un « catholicisme ouvert » dans l'esprit du Concile, mais aussi une radicalisation de l'intégrisme. Après un moment de silence stupéfié, ce courant, invoquant la « tradition » et se nommant traditionaliste, releva vite la tête, avec Mgr Lefebvre et d'autres leaders qui n'hésitèrent pas à aller jusqu'au schisme. Ce mouvement est aussi politiquement lié à l'extrême droite. Le traditionalisme que l'on peut appeler théologique – car il refuse formellement certaines affirmations de Vatican II comme la liberté religieuse –, a trouvé son orchestration dans un traditionalisme populaire, qui, ignorant ces controverses, entend surtout garder les formes liturgiques et cultuelles de l'enfance. Les gages donnés par Jean-Paul II à cette tendance ont permis quelques ralliements : ils n'ont pas eu d'effet sur le schisme des cœurs.

Aujourd'hui le catholicisme français reste traversé par cette division, dans laquelle il faut distinguer les extrêmes et les moyens [60]. Les premiers franchissent parfois les limites d'une véritable communion catholique et abusent de la polémique ; les seconds représentent des orientations sans doute très différentes, mais progressent vers une plus grande tolérance. Pourtant, les sensibilités demeurent désaccordées et la brouille, le plus souvent sourde, se réveille à chaque occasion (par exemple, avec l'affaire de *Pierres vivantes* en 1981-1983). Le courant traditionaliste intervient régulièrement auprès de Rome et reste en procès, larvé mais constant, avec l'épiscopat toujours soupçonné de l'une ou l'autre « collusion ». Sa présence pèse aujourd'hui lourdement sur la parole de l'Église hiérarchique. Certains jeunes sont tentés par de nouvelles formes de fondamentalisme. Cette division se retrouve entre les prêtres, nous l'avons vu, au grand dam d'une bonne concertation pastorale. Une réconciliation de la mémoire est urgente entre ces deux courants pour qu'ils deviennent des partenaires constructifs [61].

---

60. Il ne faut pas confondre en particulier « chrétiens traditionnels » et « chrétiens traditionalistes ».

61. Le rapport de Mgr Dagens me semble un peu optimiste à ce sujet, quand il dit que « les tensions entre croyants se sont apaisées et l'on pratique une acceptation plus libre et plus réaliste des différences entre tous », *op. cit.*, p. 1046. Espérons qu'il a raison, mais la violence des réactions des deux côtés lors de la récente affaire de Mgr Gaillot semble plutôt montrer le contraire.

Cette tension intérieure à l'Église est évidemment un obstacle à une véritable communion. Le manichéisme français a du mal à accepter des différences légitimes et des orientations plurielles dans le cadre de l'unanimité de la foi. Le fameux adage « *in necessariis unitas, in dubiis libertas, in omnibus caritas* » (en ce qui est nécessaire l'unité, en ce qui est douteux la liberté, en toutes choses la charité) – faussement attribué à saint Augustin – est loin d'être vécu chez nous. En fait, ce sont différents âges de la foi qui sont vécus de manière contemporaine : une foi du XIXe siècle, parfois une foi de type médiéval, très respectable en son temps, coexiste avec une foi qui a traversé la critique des temps modernes. Les conséquences sur l'évolution et l'avenir de l'Église sont évidentes, car deux ecclésiologies sous-tendent chacun de ces courants : d'un côté celle d'un catholicisme autoritaire, centralisé et pyramidal ; de l'autre une ecclésiologie de communion aux contours plus souples. Aussi les uns veulent-ils restaurer la figure ecclésiale dominant avant Vatican II, tandis que les autres cherchent à œuvrer à un nouveau visage de l'Église dans le monde.

Une récession de la façade institutionnelle de l'Église

Il n'est pas nécessaire d'épiloguer sur la conséquence évidente de ces données convergentes. La diminution quantitative du quadrillage paroissial, de la présence des religieux et religieuses, des œuvres multiples, de l'encadrement de la jeunesse, des activités culturelles, engendre, une fois encore, un changement qualitatif. L'Église catholique reste sans doute une réalité spirituelle importante dans le tissu français, mais elle est désormais une parmi d'autres. Les clignotants verts qui permettaient de parler de « majorité » passent successivement au rouge. L'Église se heurte à toute l'épaisseur culturelle de l'indifférence religieuse. « Tandis que s'esquisse une nouvelle figure de l'Église, on constate un certain affaissement du catholicisme dans ses aspects les plus visibles et plus socialement institués [62]. »

Il n'est pas étonnant que, dans cette situation nouvelle, la parole de l'Église connaisse une grande perte d'autorité. Non seulement dans les domaines où cette parole heurte plus directement les mentalités (morale sexuelle et conjugale), mais aussi dans ceux où elle profite d'un préjugé favorable (morale sociale et politique), son discours est entendu, mais il n'est pas écouté. Aussi l'Église tombe-t-elle sous le reproche de trop parler et de ne pas agir assez. La perte d'autorité de l'Église hiérarchique se fait également sentir dans les milieux chrétiens qui participent affectivement aux mouvements qui traversent les cultures dans lesquelles ils vivent. Un théologien allemand a pu parler à ce sujet de « schisme vertical [63] ». Cette situation est préoccupante : sans doute bien des chrétiens ont-ils à vivre une conversion, mais l'Église ne devrait-elle pas aussi convertir la forme et le fonctionnement de son discours ?

*
**

Je ne veux nullement « désespérer Billancourt », selon la fameuse réflexion de J.-P. Sartre. Les réflexions qui précèdent ne doivent pas engendrer le découragement, mais la lucidité sur laquelle notre espérance doit s'appuyer, ce qui est tout autre chose. Une interprétation ne sera d'ailleurs possible qu'au vu du versant positif dont l'exposé va suivre. Je n'ai fait que rassembler seulement des choses bien connues, dans une foi profonde au mystère de l'Église, indissociablement lié au mystère du salut apporté par Jésus-Christ. Elles ont été situées dans la durée, pour en montrer l'ampleur. Je pense que personne aujourd'hui ne peut plus tenir le discours du « dernier quart d'heure ». Avec une nuance de caricature, je

62. Rapport de Mgr C. Dagens, *op. cit.*, p. 1047.

63. E. Biser, *Glaubensprognose. Orientierung in postsäkularisticher Zeit*, Graz, 1991.

le résumerai ainsi : « La conjoncture est difficile. Mais retroussons nos manches, mettons-en un coup et nous renverserons la situation. Les vocations reviendront en nombre, on sent déjà un "frémissement". Nous restaurerons l'état de l'Église précédent, celui d'une Église forte, influente, nombreuse qui était encore la sienne dans la première partie du siècle. » Ce discours qui se voulait consolant ou sécuritaire était douloureusement supporté par tant de prêtres confrontés à la situation d'une Église qui meurt dans certaines campagnes et banlieues. Les évêques sont désormais bien au clair sur la gravité du problème. Au sein des instances responsables la question n'est certainement pas occultée. Mais nous retrouvons ici le phénomène du double langage : le discours officiel reste encore muet ou du moins réticent et gêné à l'égard de cette dure réalité.

LES GERMINATIONS

Dans ce tableau qui peut sembler bien noir, il y a cependant de nombreuses petites lumières.

Une nouvelle « figure » de croyants

« De moins en moins de catholiques croient de mieux en mieux », écrivait le commentateur d'un sondage récent [64]. Si les catholiques « sociologiques » diminuent en nombre, si l'Église des comportements acquis s'effondre, si la foi se transmet mal, nous voyons aussi grandir le nombre des catholiques qui vivent d'une foi personnelle dont les caractéristiques sont convergentes et qui permettent de parler d'une nou-

64. F. Mounier, *La Croix* du 20 mai 1994, p. 2, rendant compte du sondage « L'astre catholique ».

velle figure de la foi, une foi d'adhésion forte. Le premier signe en est le souci d'une foi lucide, consciente et informée, qui a traversé la critique des différents maîtres contemporains du soupçon, et qui a le souci d'une formation théologique forte, à travers la participation à des travaux de groupe ou des cours de niveaux divers (écoles de la foi, écoles cathédrales, CIF à Paris, écoles de ministères) qui peuvent aller jusqu'au cycle universitaire de licence ou de maîtrise en théologie. Il est remarquable qu'au moment où les facultés de théologie voyaient fondre leurs effectifs de séminaristes, de « nouveaux publics » ont aussitôt remplacé ces derniers. Lentement, mais de manière continue, se constitue un certain corps de théologiens laïcs dont certains peuvent même participer à la formation des séminaristes. Quand on interroge ces nouveaux publics sur leurs motivations pour faire de la théologie, on entend généralement deux réponses principales : la première est de ne pas en rester à la foi du catéchisme, mais d'en comprendre en vérité le contenu, de vérifier même si elle vaut la peine d'être vécue et peut donner un sens à la vie, d'aller au bout de son message au-delà des innombrables difficultés que notre culture lui fait. La seconde raison est le désir de rendre service à l'Église, d'une manière ou d'une autre, dans tel ou tel ministère ou dans le cadre de la catéchèse ou de groupes d'Évangile.

Cette foi plus fondée, plus convaincue et par conséquent plus cohérente, est à la source d'engagements nombreux et divers dans l'Église et dans la cité. Une générosité manifeste se met au service des grandes causes qui mobilisent nos contemporains, milite dans les divers mouvements de l'apostolat des laïcs et, fait très nouveau depuis une décennie environ, s'engage dans la collaboration au ministère proprement pastoral de l'Église, au moment même où celui-ci est en difficulté. Dans ce mouvement les femmes jouent un rôle important.

Cette figure des nouveaux croyants est donc celle de catholiques responsables, qui se veulent participants à la vie de l'Église, comme ils se sentent personnellement responsables de leur vie morale [65]. Ils sont de ceux « auxquels il faut donner encore davantage la parole [...], pour qu'ils puissent dire librement comment leur adhésion au Dieu de Jésus-Christ et leur pratique de l'Évangile façonnent leur existence d'une façon durable, comment ils gardent confiance tout en traversant des passages difficiles, pourquoi il ont en eux le désir de partager leur expérience et d'éveiller chez d'autres le goût de Dieu et l'amour de l'Église [66] ». Leur rapport à l'Église prend une forme nouvelle, plus exigeante, plus critique aussi, et ne peut plus s'exprimer sous la forme d'une obéissance immédiate qui se soumet sans chercher à comprendre. Le dialogue et le débat sont pour eux des formes normales de la manière dont l'Église doit répondre aux défis du temps. Devant les décisions et les formulations doctrinales de l'Église hiérarchique, leur premier réflexe est de penser « *res nostra agitur* ». Ils attendent donc de pouvoir intervenir dans le processus qui les prépare.

Ce mouvement est encore en genèse et n'a sans doute pas trouvé sa stabilité. Mais une chose est certaine : à travers lui, c'est la forme même des relations entre prêtres (même évêques) et laïcs qui change et, par voie de conséquence, tout le style de la vie de l'Église qui évolue. Ces relations ne peuvent plus être celles du « clerc » qui « sait » au laïc qui ne sait pas, écoute et obéit. Désormais, Gros-Jean est souvent capable d'en remontrer à son curé. Une nouvelle forme de partenariat s'instaure.

« L'Évangile revient »

J'emprunte cette expression à un ami, animateur de groupes de lecture des évangiles et témoin de l'expérience de foi

65. Cf. « l'éthique de la construction de soi » évoquée par le rapport de Mgr Dagens, *op. cit.*, p. 1053.
66. Rapport de Mgr. C. Dagens, *op. cit.*, p. 1047.

qui s'y vit. On peut parler à ce sujet d'un réengendrement concret de l'Église, non pas d'abord par le lien institutionnel qui n'est d'ailleurs pas mis en cause, mais par le partage même de la foi au niveau de l'existence et de l'expérience et par le jeu des relations induites qui constituent une communauté. C'est l'expérience refaite à neuf que le Christ est présent au milieu de ceux qui se rassemblent en son nom pour chercher à comprendre sa parole.

De même, nombre des chrétiens de la nouvelle figure de la foi appartiennent à des mouvements de vie évangélique liés à de grands ordres ou de grandes traditions spirituelles (Fraternités dominicaines, marianistes, maristes, de Saint-Jean de Dieu, Charles de Foucauld, de saint François, Vie chrétienne, etc.) [67]. Certains cherchent même à entrer dans les activités propres de ces ordres, congrégations ou sociétés de prêtres (par ex. le groupement Galilée auprès de la Mission de France) de manière plus ou moins institutionnelle.

Dans ce même contexte de redécouverte évangélique, les « Communautés nouvelles » du Renouveau – parfois appelées « charismatiques », de manière ambiguë, car ces communautés ne prétendent pas au monopole des charismes dans l'Église – ont pris un essor remarquable. On y distingue les communautés d'Alliance (Emmanuel, Chemin-Neuf, Fondations du monde nouveau...) et les communautés de vie (les Béatitudes, Pain de vie, Verbe de vie...) [68]. Ces groupes vivent d'une grâce de Pentecôte sous le signe du don de l'Esprit dans une référence spirituelle à la vie des communautés chrétiennes dont témoignent les Actes des apôtres et les épîtres pauliniennes : effusion de l'Esprit, prière communautaire spontanée, expérience de certains charismes de guérison, ser-

67. Pour n'en rester qu'aux mouvements de vie évangélique. Il est impossible de nommer ici la centaine de mouvements divers d'apostolat des laïcs mentionnés dans la liste établie par le Secrétariat pour l'Apostolat des laïcs (septembre 1991).

68. *L'Église catholique en France 1995, op. cit.*, p. 243.

vices multiples dans l'Église [69]. Certaines communautés poursuivent une voie originale qui n'a pas encore complètement son statut institutionnel dans l'Église et entendent donner toute leur place dans cet engagement aux couples mariés. D'autres représentent une forme toute nouvelle de vie consacrée, pouvant aller, au moins pour partie de leurs membres, jusqu'aux trois vœux [70]. Elles prennent ainsi partiellement le relais des formes classiques de vie religieuse. Au plan apostolique il leur arrive de s'installer dans les lieux des anciennes institutions d'Église, pour en renouveler l'activité. Le Renouveau « charismatique » anime 1 750 groupes de prière disséminés en France.

Dans ce renouveau évangélique il serait injuste de ne pas mentionner l'évolution accomplie chez les religieuses apostoliques depuis le concile Vatican II, par leur mise en œuvre du décret *Perfectae Caritatis*. Toutes les congrégations ont mis à jour leurs constitutions dans la double perspective de la fidélité au charisme de leur fondateur ou fondatrice et du souci d'une adaptation de leur comportement et de leurs activités aux exigences apostoliques de nos sociétés : « Découverte du travail professionnel dans des milieux très marqués par la sécularisation, accès à de nouvelles responsabilités dans l'Église, partenariat plus fréquent avec des laïcs, élévation globale aussi du niveau d'études et de diplômes [71]... » Globalement elles sont sorties des clôtures de leurs grandes maisons, ont abandonné des costumes qui soulignaient un statut de séparation, pour vivre davantage comme le levain dans la pâte. Elles ont pris à leur compte l'option pour les pauvres. « L'heure est désormais aux unités plus petites réparties, de manière assez homogène d'ailleurs, dans les

69. Je n'entends pas porter ici un jugement de valeur sur chacun de ces groupes, jugement qui ne saurait être global mais doit tenir compte de la nature de la formation donnée et du discernement spirituel exercé.

70. Cf. M. Hébrard, *Les Nouveaux disciples dix ans après*, Paris, Centurion, 1983 ; *Les Charismatiques*, Paris, Cerf, 1991.

71. M. Leboucher, *op. cit.*, p. 98.

villes et les campagnes, pour répondre à une volonté de mission et d'insertion auprès des populations [72]. »

Il est remarquable que ce retour à l'Évangile ne s'exprime nullement dans un évangélisme sauvage. Il n'a aucune intention contestataire à l'égard de l'institution. Pourtant, il constitue une réalité qui modifie la réalité ecclésiale et invite à certaines conversions.

Le catéchuménat et les baptêmes d'adultes

La catéchuménat des adultes en France voit ses chiffres grandir de manière significative ces dernières années. Une enquête du Service du catéchuménat en propose une bonne « photographie » pour l'année 1993 [73]. Leur nombre a passé de 890 en 1976 à 8 430 en 1993. Il a presque triplé dans les cinq dernières années. Cette croissance se retrouve, avec quelques nuances, dans toutes les régions de France. Elle est inégale suivant les âges (avec une certaine concentration sur les 20-24 ans chez les femmes et 25-29 ans chez les hommes). Près de la moitié des catéchumènes ont entre 20 et 30 ans ; 70 % sont des femmes. Le nombre des étudiant(e)s est proportionnellement élevé. La qualification professionnelle et culturelle est assez variée. « Les catéchumènes les plus âgés proviennent des milieux cadres supérieurs et professions libérales, des indépendants et de professions intermédiaires du public (et évidemment des retraités) [74] », de milieux généralement urbains. Leur très grande majorité était sans appartenance religieuse antérieure, une petite minorité vient des autres religions présentes en France. Le plus

---

72. *Ibid.*

73. Revue *Croissance de l'Église*, n° 111, mai 1994, « Photographie du catéchuménat ». Sauf mention spéciale, les chiffres cités viennent tous de ce document dont j'ai repris aussi, dans les descriptions du catéchuménat, les formulations principales. Voir aussi *Des nouveaux chrétiens*, G. Cordonnier, Desclée de Brouwer, 1995.

74. *Ibid.*, p. 13.

grand nombre se prépare au baptême, d'autres à la première communion ou à la confirmation, s'ils ont été baptisés enfants mais ont perdu le contact avec la foi et l'Église. Un événement marquant est souvent l'occasion de cette démarche : la perspective du mariage ou de la stabilisation d'une situation de cohabitation, la demande du baptême ou de la catéchèse pour un enfant ; mais aussi certaines rencontres de témoins d'Église et des événements personnels peuvent déclencher cette démarche. La question est parfois pensée pendant longtemps.

Les points jugés les plus importants par les catéchumènes dans leur groupe catéchuménal sont l'échange, le dialogue et l'écoute, la solidarité affective, le partage de la foi et de la vie chrétienne et la catéchèse. « Leur profil, écrit J. Joncheray, ressemble peu à celui des catholiques pratiquants réguliers », car « à travers le catéchuménat, c'est une population beaucoup plus large que celle qui se retrouve chaque dimanche à l'église, qui manifeste son intérêt pour le catholicisme. Les catholiques ne manqueront pas de considérer cela comme un espoir de renouvellement, un signe de vitalité. Et ils auront raison [75] ».

A côté des catéchumènes, il faut mentionner un nombre plus élevé encore (10 000 environ) d'accompagnateurs, prêtres, religieuses et laïcs hommes et femmes. Ce sont des catholiques pratiquants, engagés dans l'Église et la société, qui entendent jouer un rôle de témoins. Leur niveau culturel et professionnel est sensiblement supérieur à celui des catéchumènes. Beaucoup d'entre eux demandent pour eux-mêmes un soutien de formation et une aide spirituelle, et déclarent trouver dans cet accompagnement un lieu d'approfondissement de leur foi.

A ces chiffres il faut ajouter celui des baptêmes en âge scolaire entre 7 et 12 ans. « 10-15 % des jeunes pratiquants ont des parents non pratiquants et les baptêmes tardifs repré-

75. *Croissance de l'Église, op. cit.*, p. 61-62.

sentent un sixième de la chute annuelle des baptêmes des tout-petits [76]. »

Ils ne sont pas très nombreux non plus, mais ils existent ces chrétiens de formation initiale qui, dans l'effervescence des crises de notre société (mai 68 par exemple), avaient traversé une nuit et un mutisme de la foi qui avait tout emporté et les avait fait sortir de l'Église « sur la pointe des pieds » comme on disait alors, et qui, à travers une maturation douloureuse ont retrouvé le chemin de la prière et d'une foi nouvelle en Jésus Christ [77]. Sans doute ces « recommençants [78] » sont-ils peu nombreux au regard de ceux qui ne reviendront jamais. Mais leur présence, même à dose homéopathique, est un signe du désir spirituel qui habite toujours nos contemporains.

Ces chiffres, pour encourageants qu'ils soient, demeurent très modestes au regard de l'hémorragie de la substance du peuple catholique évoquée ci-dessus. Mais leur signification dépasse de beaucoup leur réalité quantitative. Ils témoignent d'une quête spirituelle au cœur de notre société. Ils montrent que l'ouverture au catholicisme et une attente à son égard travaillent des personnes qui avaient toujours ou longtemps vécu loin de l'Église. La figure de la foi qu'ils rejoignent est très proche de celle qui a été décrite ci-dessus.

---

76. Y. Lambert, *art. cit.*, p. 64.

77. Le livre émouvant de Guy Coq, *Que m'est-il donc arrivé ? Un trajet vers la foi*, Paris, Seuil, 1993, décrit un itinéraire typique de cette génération, passé par une déstructuration des repères du sens de l'existence humaine, une absolutisation du politique, avant de connaître un moment de « retournement » vers la redécouverte de la prière, du sens du péché et du fait que « se dire chrétien, c'est reconnaître qu'on fait de modestes progrès dans la découverte qu'on ne vit pas selon l'Évangile » (p. 21-22). Cet itinéraire a dû aussi passer par la conversion de l'image de Dieu (« le Dieu pervers »). Il est clair que de tels chrétiens ne peuvent plus vivre dans une Église qui se refermerait sur son image passée.

78. Cf. H. Bourgeois, *Redécouvrir la foi. Les recommençants*, coll. Pascal Thomas, Paris, Desclée de Brouwer, 1993. – Rapport de Mgr C. Dagens, *op. cit.*, p. 1044.

La conversion œcuménique

Il faut citer le mouvement œcuménique comme une germination pleine d'avenir pour l'Église. Il est courant de dire aujourd'hui qu'il piétine ou qu'il plafonne, que les Églises sont reprises par le poids de leur nostalgie identitaire. Pour certains il fait partie des choses dépassées. Reconnaissons seulement qu'il n'a pas encore atteint son point de non-retour et que des forces régressives sont aujourd'hui à l'œuvre.

Mais les arbres ne doivent pas nous cacher la forêt. Que de chemin parcouru en quarante ans. Aucun témoin du milieu du siècle ne pouvait prévoir cette conversion officielle de l'Église catholique au mouvement œcuménique, opérée à Vatican II, et ce changement d'attitude du peuple de cette Église. Ce qui était le fait de quelques précurseurs est devenu une donnée acquise dans de nombreux groupes qui façonnent pour leur part la vie ecclésiale. Une réconciliation des cœurs et des esprits est en marche, qui n'est pas une petite affaire de boutique : c'est une affaire d'Évangile. « Que tous soient un [...] pour que le monde croie » (Jn 17,21). Le visage de confessions ecclésiales, hostiles les unes à l'égard des autres et en appelant au même Christ, était un scandale. Le visage d'une conversion en mouvement, même si celle-ci est loin d'être arrivée à son terme, est un témoignage crédible donné au monde. Celui-ci l'a d'ailleurs entendu. Il ne peut que s'étonner que les progrès ne soient pas plus rapides. Mais on ne répare pas en deux ou trois décennies une rupture millénaire avec l'Orient et une fracture de 450 ans en Occident.

Le travail des Commissions doctrinales a été remarquable et a contribué à lever bien des obstacles. Une conversion à la fraternité et au dialogue s'exprime à travers une multiplicité de rencontres et d'activités communes : non seulement dans le domaine des initiatives caritatives, mais encore dans l'ordre de la pastorale, de la catéchèse et des prédications. Mais tout cela est un esprit, un mouvement : il ne peut s'agir d'institutions nouvelles à gérer tranquillement.

Le dialogue inter-religieux est aussi engagé dans notre pays, principalement le dialogue avec le judaïsme et l'islam. Quelles qu'en soient les difficultés respectives, il représente lui aussi une conversion d'attitude. L'Église et les chrétiens sortent de leur ghetto et manifestent que l'existence des autres religions, dans leur altérité même, les intéresse au premier chef. De même, le service *Incroyance-Foi,* en charge du dialogue avec les incroyants, s'avère un lieu de relations fécondes.

Les synodes diocésains

Le droit canon de 1983 vient de restaurer la possibilité de synodes ouverts à des laïcs (can. 460), alors que depuis le début du XIIe siècle, selon le P. Hervé Legrand, les synodes étaient réservés aux clercs. Cette participation des laïcs est à la discrétion de l'évêque qui établit une loi électorale. Sans doute le synode n'a-t-il formellement qu'une compétence consultative (can. 466), puisque seul l'évêque dispose d'un pouvoir proprement législatif. Mais les canonistes font justement remarquer que *de facto* le synode a un pouvoir délibératif, puisque l'évêque ne peut pas modifier ses décisions : il ne peut que les refuser ou les promulguer. Il s'agira alors d'une loi synodale. Si l'évêque veut promulguer autre chose, de son propre fait, ce sera une loi de l'évêque et non du synode.

De 1983 à fin 1994, 34 diocèses ont vécu un synode, 3 sont en train d'en réaliser les diverses étapes, tandis que 17 autres ont préféré une formule plus souple de « démarche de type synodal ». C'est dire que plus de la moitié des diocèses français connaissent cette expérience. A travers eux une nouvelle figure d'Église se cherche et commence à se trouver [79].

79. Cf. M. Hébrard, *Révolution tranquille chez les catholiques. Voyage au pays des synodes diocésains,* Paris, Centurion, 1989 ; Collectif, *Les synodes diocésains,* Paris, Desclée de Brouwer, 1994.

C'est celle qui correspond à ces nouveaux types de chrétiens qui viennent d'être décrits.

Le synode diocésain est un événement complexe qui passe par une série de phases s'étendant sur deux ou trois ans : préparation, enquêtes, élections, célébration de lancement du synode, formation d'équipes synodales réfléchissant sur un thème particulier, choix des thèmes finalement retenus, constitution d'un cahier synodal, et enfin célébration du synode proprement dit, en une ou plusieurs sessions, pour débattre des propositions du cahier synodal et les voter. L'évêque conclut alors l'ensemble de la démarche par la promulgation des lois synodales.

Les thèmes traités sont extrêmement vastes et concernent d'une part l'Église dans la société et d'autre part la vie en Église. Par exemple, pour le premier chapitre des sujets retenus, on a parlé des nouvelles cultures, du travail, du chômage et de l'exclusion, de l'immigration, de l'éducation des jeunes et de leur entrée dans la vie adulte, des espaces de dialogue à créer entre jeunes et adultes, du couple, de la famille et de la femme, de la santé, des malades et des personnes âgées, des problèmes du rural et de la ville, du développement, du partage avec les exclus du Tiers-Monde, de la paix et des droits de l'homme, de l'écologie, etc. Bien entendu, chaque synode n'a pas retenu tous ces points, mais l'orientation est claire : il s'agit de « se saisir des problèmes que la société pose à l'Église » (cardinal Coffy) et d'« inventer un nouveau type de rapport entre le fait religieux et la société » (Mgr Gilson).

Pour le chapitre de la vie en Église, on recense parmi les thèmes principaux : la religion populaire, l'évangélisation, la formation chrétienne et la catéchèse, les ADAP [80], les vocations, les institutions ecclésiales, les regroupements de paroisses, les nouveaux ministères des laïcs.

---

80. C'est-à-dire les Assemblées dominicales en l'absence de prêtres, cf. *infra*, p. 103-105.

Des décisions importantes y ont été prises, concernant les ministères des animateurs pastoraux, le regroupement des paroisses, la création de nombreux conseils, la communication dans l'Église, le partage des responsabilités, les finances. Le risque est d'avoir créé des organigrammes un peu lourds et compliqués qu'il sera difficile de faire vivre durablement. Certains textes ne sont pas à proprement parler des décisions ou des lois, mais des déclarations d'intention qui peuvent finir en vœux pieux.

Ces synodes ont d'abord été un événement et une expérience spirituelle vécue dans l'Église locale. Ils ont suscité générosité et enthousiasme, engagement des laïcs, conscientisation. Ils ont été l'occasion de célébrations liturgiques chaleureuses et signifiantes. Ils ont permis une grande qualité d'écoute entre des personnes venant de milieux très différents. A ce titre le synode exprime la participation de toute la communauté à la gestion des affaires de l'Église. Ils furent des instances de « réception » du concile Vatican II, en même temps que des actes de co-responsabilité et de co-gestion, et finalement des moments de communion vécue. Un synode n'est pas une assemblée démocratique proprement dite, bien que les procédures s'inspirent du fonctionnement démocratique, mais bel et bien l'expression du *sensus fidelium* de la communauté diocésaine.

Ces synodes sont incontestablement un succès et ils ont ouvert une espérance. Ils mettent en œuvre concrètement le principe communautaire dans l'Église. Mais leur résultat demeure encore en sursis. Il serait catastrophique qu'une fois l'enthousiasme synodal passé le mode d'exercice des responsabilités dans le diocèse demeure en l'état. Il ne faut pas non plus que certaines questions qui reviennent régulièrement dans les synodes, mais dont la solution dépassait la compétence de l'évêque, qui n'a pu que les transmettre à Rome, ne reçoivent pas une réponse claire, réfléchie et motivée. Elles portent le plus souvent sur les points suivants : accueil en certains cas de divorcés remariés à la réconciliation et à l'eucharistie, habilitation de certains ministres laïcs à donner l'onction des malades, révision de la forme selon laquelle est présentée la morale sexuelle et conjugale, ordination d'homme mariés, etc.

Le diaconat permanent

Si la courbe des ordinations presbytérales a connu la chute qu'on a dite, par contre celle des ordinations au diaconat permanent est en hausse constante, mais sur la base de chiffres plus modestes : on comptait en France 40 diacres permanents en 1975, 107 en 1980, 296 en 1985, 659 en 1990, 953 en 1993 ; le cap des 1 000 diacres a été franchi en 1994 [81]. L'Église de France a été lente à s'engager dans cette voie, plus lente que celles de l'Allemagne (525 diacres dès 1979) des États-Unis (2 800 à la même époque) ou de la Belgique (150), par exemple. Mais aujourd'hui l'épiscopat français place de grandes espérances dans le développement du diaconat [82].

La figure concrète et l'avenir ministériel du nouveau diaconat permanent posent un certain nombre de problèmes sur lesquels il faudra revenir [83]. Je ne retiens ici que le signe dont le diaconat témoigne dans la communauté chrétienne. Il représente une nouvelle voie d'accès au ministère ordonné, qui ne part plus systématiquement des jeunes, mais des adultes, et d'adultes le plus souvent mariés. A côté des prêtres, il place progressivement un nouveau corps de ministres qui rendent officiellement témoignage du Christ Serviteur de son Église et exercent un ministère complémentaire et différencié. Il s'inscrit en tiers dans le binôme trop sociologiquement

81. *L'Église catholique en France 1995*, p. 361. – Mêmes chiffres dans l'article de F. Deniau, « Mille diacres en France », *Études*, nov. 1995, p. 523-533.

82. Le diaconat a fait l'objet d'un échange au cours de la dernière réunion de la Conférence des évêques de France à Lourdes en octobre 1995.

83. Cf. ch. II, p. 90-91 et 111-113.

figé des clercs et des laïcs. Le rapport des diacres au peuple chrétien est d'entrée de jeu différent de celui des prêtres, du simple fait qu'ils exercent une profession, qu'ils ne sont pas soumis à l'interdiction faite aux prêtres de participer à la vie politique et syndicale, que la majorité d'entre est mariée (90 %) et partage un mode de vie très proche [84]. Mais c'est un rapport authentiquement ministériel. Avec eux quelque chose se met en mouvement dans le réseau des relations dans l'Église et dans le témoignage qu'elle donne à l'extérieur.

Des prêtres heureux

Dans les conditions nouvelles et difficiles de la pastorale actuelle, il y a de nombreux prêtres heureux et qui le disent [85]. Ils ne sont pas les laissés-pour-compte des mutations en cours. Un grand nombre d'entre eux s'ouvre avec disponibilité aux exigences nouvelles en pensant à l'avenir ; ils acceptent de partager leurs responsabilités et de jouer sans réticence le jeu de la collaboration pastorale avec des laïcs. Ils nouent avec eux, et finalement avec tous les fidèles, un rapport de type nouveau, marqué par la simplicité et la confiance mutuelle. A travers des tâches multiples, il savent associer un ministère local et de contact immédiat à un ministère plus global et médiat. Ils tiennent de leur mieux les postes qui leur sont confiés. De leur côté, un certain nombre de laïcs prennent conscience de leurs propres responsabilités à l'égard des prêtres, en les invitant à leurs repas ou à des moments de vacances, et en leur donnant le soutien d'une amitié fort importante pour leur équilibre affectif. Sur ce terrain aussi quelque chose de neuf surgit.

---

84. Cf. F. Deniau, *art. cit.*, p. 525.

85. Cf. le tout dernier cahier de *Prêtres diocésains*, « Nos raisons d'être heureux », UAC, Paris, 1995.

Le défi du catholicisme populaire

Il peut sembler bien osé de mentionner le catholicisme populaire dans cette section consacrée aux germinations, alors qu'il semble le grand perdant de toute l'évolution en cours. L'Église catholique a été depuis toujours « multitudiniste ». Ne serait-elle pas en train de devenir une Église « élitiste » ? N'est-ce pas le point où le bât blesse le plus ?

Il est cependant des lieux où le catholicisme populaire s'exprime et rencontre une pastorale vivante d'Église. Ce sont les lieux de pèlerinage : Lourdes, La Salette, Pontmain, la chapelle de la médaille miraculeuse de la rue du Bac, mais aussi Lisieux, Paray-le-Monial, Ars et d'autres encore. Il est remarquable de constater qu'au moment où la pratique dominicale et sacramentelle a connu les fortes diminutions qui ont été dites, la fréquentation des pèlerinages s'est non seulement maintenue, mais a augmenté de manière sensible. En même temps, les responsables de pèlerinages ont fait un effort pastoral considérable pour en faire des lieux de conversion et d'éducation à la foi. Ce qui était désuet, vieilli, dévotionnel au mauvais sens du terme et risquait d'entretenir des attitudes quelque peu superstitieuses, a été supprimé au profit d'un recentrage de la prédication sur le mystère du Christ Sauveur. Les messages des apparitions sont interprétés à la lumière de l'Écriture. Le sacrement de réconciliation est proposé dans des conditions heureuses où un dialogue paisible peut prendre place. Dans bien des cas un pèlerinage paroissial ou diocésain comporte une véritable petite retraite adaptée aux chrétiens dont la simplicité culturelle recouvre souvent une grande profondeur spirituelle. On peut en dire autant des grands rassemblements de jeunes, qui peuvent constituer des moments de conversion authentique. Mais se pose alors le problème du « suivi » dans le quotidien de ce qui a été vécu dans un cadre exceptionnel.

Les martyrs et les prophètes de notre temps

Notre temps a aussi ses martyrs et ses prophètes, dont l'impact dans notre société est extraordinairement vivant. Il s'agit en particulier de ceux et de celles qui ont risqué leur vie au service des plus pauvres, pour la foi et la justice, en divers pays. Les témoins de l'Évangile, prêtres, religieux, religieuses et laïcs, ont été nombreux, dans ces toutes dernières décennies, à avoir été emprisonnés, torturés physiquement ou mentalement, et même assassinés, dans les pays communistes, en Amérique latine et en Afrique, plus récemment en Algérie. Tous ces martyrs ne sont pas catholiques ; d'autres ont aussi perdu la vie du fait de leur engagement pour de grandes causes humaines. Il ne s'agit pas ici de distribuer des prix, mais de constater que l'appel au don de soi jusqu'à la mort est toujours un fait chez les chrétiens. Parmi ces martyrs beaucoup sont originaires de France et constituent un signe parlant de la vitalité de la foi dans notre pays. L'écho de leur témoignage provoque partout un respect ému.

A côté des martyrs, il y a les prophètes. La seconde moitié de ce siècle en a connu beaucoup dans les rangs des chrétiens. Jean XXIII en fut un par la manière dont il a exercé son ministère d'évêque de Rome et a pris l'initiative du Concile. Un évêque comme Dom Helder Camara, au Brésil, en fut un aussi. Il y en a bien d'autres. Sans doute ne sont-ils pas français, mais leur présence et leur parole ont joué un rôle important dans notre pays. Chez nous une personnalité comme l'abbé Pierre conserve une popularité exceptionnelle à travers les décennies, tant il est évident, pour ceux du dehors comme du dedans, que son combat est le service évangélique des pauvres. Par sa parole et son action il est un authentique témoin de la foi. D'autres noms seraient bien entendu à citer, qui inventent de nouvelles formes d'œuvres caritatives. Quand la bonne nouvelle est annoncée aux pauvres, il est inévitable que se produise une contagion de la foi.

*
**

Un mot pourrait résumer le sens de ce diptyque, celui de *mutation*. Une figure de l'Église est en train de disparaître ; une autre figure est en train de naître. On peut peut-être invoquer ici, avec l'humour qui convient, la loi paléontologique selon laquelle les grandes mutations des espèces se réalisent dans des populations restreintes. De la même façon, une figure de la foi s'en va, pour être remplacée par une autre. Il est clair que les acteurs des germinations évoquées ne pourront se couler dans les habits, non seulement usés mais aussi devenus trop grands, des institutions anciennes. Ils seront les partenaires d'un autre type de fonctionnement d'Église. L'enjeu n'est-il pas alors, dans les orientations et les décisions qui guettent celle-ci, de prendre appui sur ce qui naît et demande à vivre ? C'est dans le contexte et à la lumière de cette mutation que la question des ministères, la seule qui fasse l'objet explicite de ce livre, doit être réfléchie. Mais avant d'engager la réflexion à son sujet, il n'est pas inutile de risquer quelques discernements plus généraux sur notre situation ecclésiale.

QUELQUES DISCERNEMENTS

Toutes ces germinations, et d'autres encore non mentionnées ici, sont petites et fragiles. On pourrait dire qu'elles ne font pas le poids au regard de ce qui meurt dans l'institution ecclésiale. Sans doute l'une ou l'autre ne se maintiendra-t-elle pas. Ce déséquilibre transparaît dans les masses de ce chapitre où le premier volet a été plus long à exposer que le second. Que l'Église catholique en Occident, et très particulièrement en France, soit passée au crible et confrontée à une épreuve exceptionnelle, cela est incontestable.

Dans le discernement à effectuer sur ce qui nous arrive, il convient de distinguer ce qui s'inscrit dans la réalité humaine, historique et culturelle de l'Église et ce qui relève de l'attitude spirituelle et de l'interprétation théologale. Ces deux points de vue doivent être tenus ensemble, dans une unité sans mélange des références. S'en tenir à une interprétation sociale et historique est évidemment insuffisant. Mais il ne suffit pas non plus, sous prétexte de foi et de sens spirituel, de court-circuiter les données concrètes de notre existence pour dire que l'Esprit Saint pourvoira à tout. Ce serait de la paresse spirituelle. Pie XI ne rappelait-il pas que si Dieu nous a donné une intelligence, c'est pour nous en servir aussi au bénéfice du Royaume ? Le jugement historique doit sans doute s'inscrire dans un présupposé de foi. Mais le jugement théologal doit lui aussi prendre en compte la réalité historique et sociale. Qu'est-ce que l'Esprit de Dieu dit à l'Église à travers cette situation nouvelle ? Répondre à cette question est la tâche de tous les chrétiens.

Une crise historique qui requiert un renouveau historique

L'Église rencontre aujourd'hui une contradiction apostolique du type de ses très grandes crises historiques, celles qui ont marqué les changements de civilisation et de culture, comme la fin de l'Empire romain et les siècles de fer du haut Moyen Age ; en Orient et en Afrique du Nord, l'envahissement de l'islam ; en Europe, les crises des temps modernes et de la Révolution française. Sous le calme des apparences (on a parlé au Canada dans les années soixante de « révolution tranquille »), c'est d'un phénomène de grande ampleur qu'il s'agit.

Devant un tel événement plusieurs attitudes sont possibles : continuer simplement comme s'il n'existait pas et se voiler la face en cherchant à s'appuyer sur ce qui tient encore, quitte à penser, sans trop se l'avouer d'ailleurs, « après nous le déluge » ; justifier par cette avalanche de chiffres négatifs son propre découragement, parfois son désespoir, et jeter le manche après la cognée ; agir avec volontarisme pour restaurer coûte que coûte le *statu quo ante* ; ou plutôt chercher la signification de l'événement, discerner les signes des temps, avant de prendre les décisions les meilleures pour l'avenir de la foi dans les pays développés. C'est dans cet esprit que je voudrais ouvrir quelques pistes.

Il faut s'interroger sur les raisons, la nature et l'ampleur de ce qui nous arrive. Peut-être sommes-nous portés à dramatiser parce que nous idéalisons la situation antérieure. « Je me sens autorisé à dire aux chrétiens, écrit J. Delumeau, que le présent est moins sombre qu'ils ne l'imaginent souvent, que l'avenir reste ouvert et que nous avons tendance à majorer les dimensions et de la christianisation d'autrefois et de la déchristianisation d'aujourd'hui [86]. » Cette parole est encourageante, mais elle invite aussi à un certain examen de conscience. Car si l'on voit bien et si l'on analyse plus facilement les causes extérieures à l'Église, on risque d'oublier les causes internes. L'Église ne peut pas ne pas s'interroger sur les raisons de « l'hémorragie du sens » de son message dans notre monde de culture, sur l'image concrète de Dieu qui a habité sa prédication et sur la mauvaise résistance qu'ont exercée les milieux traditionnellement chrétiens et même les zones de chrétienté qui demeuraient encore il y a quarante ans dans notre pays, à l'assaut de la modernité scientifique, technique, industrielle et culturelle. Ce christianisme majoritaire et puissant n'était pas aussi fort et aussi pur qu'on ne l'a dit. Il n'est pas possible d'entrer ici dans une telle analyse qui devrait porter à la fois sur le rapport de l'Église catholique et de la société au moins depuis le début du XIXe siècle, sur sa manière de fonctionner comme institution et sur ses pratiques pastorales.

86. J. Delumeau, *Le christianisme va-t-il mourir ?*, Paris, Hachette, 1977, p. 9-10.

Des causes il faut passer aux conséquences et prendre conscience que l'Église devient de plus en plus minoritaire. De ce fait, elle ne peut plus prétendre à nombre de droits « acquis », qui n'étaient légitimes que dans la mesure où ils reposaient sur l'adhésion de la grande majorité de la population. Dans le domaine de la gestion sociale du religieux elle a perdu le monopole de fait dont elle jouissait en France. Elle ne peut plus prétendre assurer la cohésion spirituelle de tout un peuple. Elle doit donc renoncer à l'ecclésiocentrisme pratique qui a longtemps été sa tentation. C'est un centre de gravité qui s'est déplacé. Plus que jamais, l'Église doit souligner la distinction entre elle-même, l'Évangile qu'elle proclame et le Royaume qu'elle inaugure. Elle doit apprendre à coexister, non seulement avec les autres Églises chrétiennes, mais avec les autres religions et les opinions des diverses traditions françaises. « Il faut apprendre, écrit une religieuse, à n'être qu'une voix parmi d'autres, à prendre la parole dans une société plurielle par ses croyances et ses options idéologiques [87]. » Cet apprentissage du pluralisme, qui se fait tous les jours sur le terrain, doit encore progresser dans la manière dont l'Église s'adresse au monde.

Pour autant, cette Église ne peut plus se replier sur elle-même comme la « forteresse assiégée » de la fin du siècle dernier. Elle fait partie du monde et le monde est présent en elle : le face à face d'antan est impensable. Son attitude pastorale et missionnaire doit en tenir le plus grand compte. Il ne s'agit plus de comptabiliser ceux qui sont dedans et ceux qui sont dehors ou de se laisser obnubiler par le petit troupeau. L'Église d'aujourd'hui a des frontières particulièrement poreuses. Aussi bien se considère-t-elle avec raison en charge de tous. Dans bien des cas, elle ne peut chercher d'abord et avant tout à convertir au sens confessionnel de ce terme, mais accepter de travailler à des conversions qui seront d'abord existentielles, en dialoguant, et en accompagnant

87. A. Le Roux, in M. Leboucher, *op. cit.*, p. 42.

toute démarche qui va vers la vie : « Sans parler trop vite de conversion, dit une religieuse en aumônerie d'hôpital, je vois des malades qui s'ouvrent personnellement au cours de leur épreuve et apprennent à recevoir chaque instant de l'existence comme un don. C'est peut-être cela, la résurrection, savoir choisir la vie [...]. Je m'émerveille quand je vois une telle démarche s'opérer dans une famille, chez un malade [88]. » Aller au-devant des autres au lieu de les attendre, c'est aussi chercher où se vit aujourd'hui pour eux ce qui s'exprimait autrefois dans la sphère religieuse. L'Église ne peut plus fonctionner dans la société comme la figure de l'institution tutélaire qui l'encadre et la régit, dit avec autorité le vrai et le faux, le bien et le mal, et constitue un refuge et une sécurité. Elle doit agir comme le ferment dans la pâte, qui travaille à l'évangélisation, ce qui veut dire aussi à la conversion de la culture. « La rupture entre Évangile et culture est sans doute le drame de notre époque [89]. »

La mission de l'Église passe donc désormais par le dialogue. Qui dit dialogue dit proposition et non imposition. Paul VI dans son encyclique *Ecclesiam suam* a montré de manière lumineuse que le dialogue entre Dieu et l'homme est constitutif de la révélation qui a son sommet dans l'incarnation du Verbe. Ce « dialogue du salut » se poursuit dans et par la mission de l'Église. « L'Église doit entrer en dialogue avec le monde dans lequel elle vit. L'Église se fait parole ; l'Église se fait message ; l'Église se fait conversation [90]. » Ce dialogue suppose la « courtoisie, l'estime, la sympathie » ; il exclut la condamnation *a priori* ; si cette forme de rapport « ne vise pas à obtenir immédiatement la conversion de l'interlocuteur parce qu'elle respecte sa dignité et sa liberté [91] », le dialogue est pourtant une forme authentique d'évangélisation par le

88. M. Leboucher, p. 55

89. Sur ce thème, cf. Paul VI, *Evangelii Nuntiandi*, 18-20, *DC* 1689 (1976), p. 4.

90. Paul VI, *Ecclesiam suam, DC* 1431 (1964), col. 1079.

91. *Id.*, col. 1082.

témoignage. Plus que jamais celle-ci passe par le témoignage à rendre à une vérité dont on vit.

Ce monde, l'Église n'a pas à le juger, mais à montrer qu'il est de sa part l'objet d'un amour inconditionnel, quoi qu'il en soit de ses perversions. Son langage doit devenir toujours davantage celui de la tendresse et de la miséricorde. Car ce monde est celui de l'homme souffrant, plus encore que par le passé, du fait même de ses progrès en tous les domaines. Au milieu de ses angoisses, il a besoin de « bonne nouvelle » et de paroles de paix. Au milieu de lui l'Église demeure le témoin de la mémoire, de la mémoire de la bonne nouvelle de Jésus-Christ qui retentit depuis deux mille ans dans notre monde.

Cette nouvelle tâche missionnaire doit s'accompagner de transformations dans la manière dont l'Église vit et fonctionne, du fait de l'évolution de ses propres fidèles. A la figure nouvelle de la foi ici esquissée on peut faire le reproche de devenir la foi d'une élite culturelle qui laisse derrière elle ceux qui sont pauvres en ressources humaines. Il faut donc trouver des expressions parlantes de la foi pour la religion populaire, respecter les mentalités afin de pouvoir les faire évoluer, ne jamais les mépriser, mais accueillir avec une grande bienveillance et viser à convertir des pratiques qui peuvent être ambiguës.

Cependant, c'est bien au niveau de cette figure nouvelle de la foi que se joue l'avenir de l'Église dont le paysage se transforme. Le peuple de Dieu qui vit sa foi de cette façon ne peut plus être gouverné comme au temps de l'Église post-tridentine. Déjà le réseau des relations entre clercs et laïcs connaît une mue profonde. Ces derniers veulent être considérés comme des adultes responsables. Devant les interventions de la hiérarchie, ils demandent à comprendre. Quand une question nouvelle se pose, ils désirent qu'un débat ait lieu et puisse mûrir. Ces chrétiens attendent que l'Église leur parle le langage d'une persuasion qui s'adresse à la liberté et à la responsabilité personnelle, non sous la forme d'une injonction autoritaire immédiate [92]. Ce point engage un fonctionnement tout nouveau de la parole magistérielle. Le chrétien d'aujourd'hui demande à être convaincu, non pas seulement par le caractère légitime de l'instance qui parle, mais à partir du jeu des arguments *pro et contra* [93].

En ecclésiologie tout cela est parfaitement orthodoxe et porte un nom, c'est l'ecclésiologie de communion, qui passe par une authentique co-responsabilité. Des pas importants ont été accomplis en ce sens depuis Vatican II et, au plan local, à travers les synodes diocésains. Il reste encore beaucoup à faire, en particulier dans le rapport entre les Églises particulières et l'Église de Rome. L'ecclésiologie catholique doit retrouver son équilibre entre les trois dimensions fondamentales qui structurent son fonctionnement, celles de la *présidence* (épiscopale dans le diocèse, papale au niveau de toute l'Église), de la *collégialité* (épiscopale, conférences des évêques, synodes romains, mais aussi la collégialité locale du presbyterium) et de la *communauté* (synodalité, prise en compte du *sensus fidelium*). L'*aggiornamento* entrepris par Jean XXIII en 1962 n'est pas encore achevé [94].

Pour un discernement théologal

Le mystère de l'accueil et du refus de la foi est le secret de Dieu dans des consciences qui engagent leur liberté. Il se joue aujourd'hui comme par le passé. Mais la tentation serait grande de prétendre en juger de l'extérieur, ou même à partir de l'appartenance visible à l'Église. Se lancer dans un tel

---

92. Cf. par exemple la déclaration du groupe *Paroles* de B. Perret, R. Rémond et Ph. Warnier, *Le Monde* du 21 janvier 1994, p. 2.

93. Le vieux principe de théologie, qui veut que le croyant soit tenu à la conclusion d'un document magistériel mais non à son argumentation et à ses attendus, a pu fonctionner dans le passé comme un facteur de souplesse : aujourd'hui il est devenu irrecevable.

94. Sur tous ces points, voir les réflexions suggestives de G. Lafont, *Imaginer l'Église catholique*, Paris, Cerf, 1995.

diagnostic reviendrait à accuser odieusement nos frères d'apostasie, ou encore à condamner massivement et injustement la société moderne. Les deux cités dont parlait Augustin sont toujours mélangées : ne disait-il pas déjà que beaucoup, qui étaient visiblement à l'intérieur de l'Église ne lui appartenaient pas vraiment, et que bien d'autres qui ne lui étaient pas intégrées en faisaient partie spirituellement ?

Cette crise nous ramène tous à ce que Paul Evdokimov appelait naguère dans une conférence à Lyon « l'inconfort évangélique ». La pratique de l'Évangile n'est jamais confortable ; son annonce ne l'est pas davantage. Jésus a connu lui-même l'échec apparent de sa parole : il l'évoque dans la parabole du semeur. Cependant la moisson eschatologique lui demeure promise. Paul à son tour a fait l'expérience que, devant les Corinthiens, sa parole « était nulle » (2 Co 10,10). La contradiction a accompagné l'Église à tous ses âges, depuis les martyrs des trois premiers siècles jusqu'aux martyrs contemporains. Il n'est pas sûr que les périodes les plus « heureuses » aient été toujours les plus fécondes. On peut dire que la mutation critique dans la vie de l'Église au tournant de la fin de ce XXe siècle est une participation à la mort et à la résurrection du Christ. Nous vivons une forme de Vendredi saint ; mais nous entrevoyons aussi l'aube de Pâques. Il serait aussi dangereux de ne pas voir les éléments de mort que d'oublier les premiers germes de résurrection.

Il est bien prétentieux de prétendre dire le sens d'une telle épreuve. Pour une large part ce sens sera d'ailleurs ce que nous le ferons par notre attitude de foi et d'espérance. C'est notre tâche à tous et je ne dispose à ce sujet d'aucun privilège pour lire dans l'avenir. Je tiens quand même à me risquer à quelques propositions.

La crise que nous traversons nous rappelle d'abord le caractère fragile et provisoire de toute institution de l'Église dans un monde de culture donné. Dans l'ordre de la foi comme en celui de l'amour, rien n'est acquis une fois pour toutes. L'Église dans sa totalité a les promesses de la vie éternelle ;

aucune Église locale n'a les promesses d'une pérennité temporelle. Je ne peux m'empêcher de méditer sur le sort de l'Asie Mineure (aujourd'hui la Turquie). Voici une région qui a été le théâtre d'une efflorescence exceptionnelle du christianisme : c'est là que Paul accomplit ses premières missions apostoliques ; c'est le pays que traversa Ignace d'Antioche sur la route de son martyre, reçu de ville en ville par des communautés chrétiennes bien vivantes ; c'est là que vécut Polycarpe de Smyrne et que naquit Irénée de Lyon. C'est là, ou à sa frontière européenne, que se tinrent les sept premiers conciles œcuméniques (Nicée I et II, Constantinople I, II, III, Éphèse et Chalcédoine). Aux IVe et Ve siècles, « âge d'or de la patristique », de grands évêques comme Basile de Césarée et ses amis cappadociens développèrent une théologie trinitaire dont l'Église vit encore. Ce fut un lieu de vie monastique dont les décorations des églises rupestres de la Cappadoce sont encore un signe grandiose. A Constantinople Justinien bâtit la basilique de Sainte-Sophie, peut-être la plus célèbre de la chrétienté. Or l'islam a tout recouvert. En 1453 Sainte-Sophie est devenue mosquée trois jours après la prise de Constantinople par les Turcs. Aujourd'hui sur 54 millions d'habitants dans ce pays, il y a 140 000 chrétiens environ et 30 000 catholiques. Le siège de Grégoire de Nazianze et de Jean Chrysostome est devenu le patriarcat œcuménique au visage si modeste que les guides officiels ne savent même pas le trouver pour y conduire les touristes, un patriarcat toléré avec difficulté par les autorités turques. Comment ne pas méditer sur un tel mystère, quand à Konia, l'Iconium de saint Paul, il ne reste pas pierre sur pierre d'un édifice chrétien ancien ? On peut faire la même méditation au sujet de l'Afrique du Nord, le pays de Tertullien, de Cyprien et d'Augustin – qui a tant contribué à la formation de la civilisation de l'Europe –, où se réunissaient des conciles de plus de 300 évêques. Toutes ces régions n'ont plus que de rares évêques et sont devenues des réserves d'évêchés fictifs pour des évêques titulaires « *in partibus infidelium* » !

A ces événements il y eut des raisons très humaines : les chrétiens ont leur part de responsabilité dans ce qui s'est produit progressivement et a abouti à ce triste résultat. Mais en même temps l'Église d'Occident connaissait une nouvelle efflorescence dont nous sommes encore les bénéficiaires. De cela nous ne sommes pas plus propriétaires que nos pères dans la foi. Notre statut chrétien n'est pas un droit. Nous sommes donc invités à la modestie et à l'humilité et sans doute à convertir l'idée même que nous nous faisons de l'expansion chrétienne et de la manière de vivre le christianisme catholique dans notre monde moderne ou post-moderne. Nous sommes renvoyés à la « dynamique du provisoire » célébrée naguère par le Frère Roger Schutz.

Nous devons aussi nous demander s'il n'y a pas des changements auxquels on ne consent que contraints et forcés par la nécessité. Qui peut nier que c'est la nécessité qui a fait du XXe siècle catholique le siècle des laïcs ? C'est la prise de conscience de la déchristianisation qui a ouvert naguère la voie à l'Action catholique. N'est-ce pas le manque crucial de prêtres qui a conduit plus récemment à la participation des laïcs au ministère pastoral de l'Église ? N'est-ce pas la nécessité qui nous a libérés de la conception de l'Église « société inégale », régnante au début du siècle ? Certains éléments les plus positifs de l'évolution en cours n'auraient sans doute jamais été possibles, s'il n'y avait pas eu cette crise grave et durable du recrutement presbytéral. Un discernement est ici capital : car il s'agit de savoir si le rôle actuel des laïcs est seulement un palliatif provisoire, une parenthèse qu'il faudra au plus vite refermer, ou au contraire s'il est un bien pour l'Église, une grâce de Dieu pour le présent et pour l'avenir, la proposition d'un chemin nouveau au terme duquel nous ne sommes certainement pas arrivés, mais qui nous conduit vers ce que Dieu nous donne.

Cette crise semble enfin appeler l'Église catholique à renouer davantage le lien entre existence et institution. Un livre du théologien protestant suisse Jean-Louis Leuba, *L'ins-*

titution et l'événement[95], avait rappelé naguère à juste titre la nécessité de l'institution aux Églises de la Réforme. Aujourd'hui la même articulation et le même équilibre ne doivent-ils pas, du côté catholique, être recherchés au bénéfice de l'existence ? L'institution ecclésiale est fondée sur l'événement de Jésus et repose au cours de l'histoire sur l'événement de la foi vécue et partagée par les fidèles. Sans lui l'institution ne serait plus qu'une coquille vide. Cet événement est le fait du don de Dieu et de la réponse de la foi et de la vie ; il se produit dans l'existence de tous les fidèles. La tradition catholique se repose sans doute trop sur la solidité de son passé et de ses institutions. Mais n'est-ce pas du côté de l'événement qu'elle est interrogée ? De quoi vivez-vous ? Quel signe donnez-vous de votre Évangile ? Comment le partagez-vous avec d'autres ? Est-ce que le signe de la miséricorde envers le pécheur est suffisamment donné par votre pratique et votre doctrine ? L'Évangile revient : il faut qu'il revienne aussi dans les expressions les plus officielles de la pratique ecclésiale.

Tout ce que je viens d'évoquer avec gravité mais espérance me convainc que nous vivons une époque critique mais passionnante. L'espérance de la foi est celle d'Abraham, célébrée par Paul lui-même : « Espérant contre toute espérance... » (Rm 4,18). C'est le moment d'entendre encore une fois la parole de Jésus : « N'ayez pas peur ! »

95. Paris, Delachaux et Niestlé, 1950.

2

« Le ministère et la vie des prêtres » *(Presbyterorum Ordinis)* et des diacres

La situation qui vient d'être décrite, avec ses ombres et ses lumières, a de grandes conséquences sur la pastorale de l'Église de France et des autres pays où la situation est comparable. Elle pose à l'évidence la question d'une nouvelle « figure » ministérielle de l'Église [1]. Celle-ci s'ébauche déjà largement à travers un certain nombre de décisions pratiques. Mais il n'est pas garanti *a priori* qu'elle soit la meilleure possible. Car la situation que nous vivons peut donner lieu à des dérives doctrinales et pastorales. La hiérarchie ecclésiale est extrêmement attentive à certaines d'entre elles et elle a raison ; elle est peut-être moins sensible à d'autres, plus subtiles mais non moins dangereuses. Chaque décision prise est un risque ; mais l'absence de décision est un risque

1. Comme je l'ai fait ailleurs (cf. *Le ministère et les ministères dans le Nouveau Testament,* sous la dir. de J. Delorme, Paris, Seuil, 1974, p. 348-352), j'oppose ici *figure* à *structure.* La structure concerne les points sur lesquels l'Église n'a aucune autorité, car ils s'imposent à elle au nom même de sa fondation par le Christ ; la figure concerne la mise en œuvre concrète de cette structure en fonction des situations historiques et culturelles que rencontre l'Église. Les figures se sont succédé dans l'histoire. Nous voyons une nouvelle figure émerger.

encore plus grand. Cette même situation peut aussi constituer le ferment d'une nouvelle jeunesse de l'Église. A travers ce que nous vivons aujourd'hui nous sommes responsables du visage comme de la réalité du christianisme dans les premières décennies du troisième millénaire. Le but de ces pages est de proposer un discernement théologique, afin de contribuer à l'épanouissement de la figure la plus heureuse qui soit.

Manifestement, nous allons vers une figure de l'Église qui reposera davantage sur les laïcs. La collaboration ministérielle entre prêtres et laïcs est déjà un fait. C'est pourquoi il faudrait pouvoir parler en même temps des prêtres et des laïcs. Pour sérier les questions – et parce que je ne suis pas de ceux qui désormais ne jurent que par les laïcs –, je préfère commencer par quelques réflexions sur le ministère ordonné des prêtres et des diacres [2]. On entend dire en effet que l'accès des laïcs à des tâches proprement pastorales ne peut que poser de graves questions, non seulement au ministère des prêtres, mais encore à leur identité.

Les réflexions qui suivent seront d'abord proprement théologiques et feront directement référence à Vatican II ; puis elles essaieront d'esquisser, autant que faire se peut, les figures d'avenir du ministère presbytéral et diaconal.

LES CRITÈRES OUBLIÉS DE VATICAN II

Le titre de ce chapitre est intentionnellement repris de celui du document de Vatican II sur les prêtres. Il est en effet nécessaire, dans notre conjoncture, de rappeler le changement d'horizon doctrinal accompli par Vatican II pour parler du

2. Mais ce chapitre est profondément solidaire des suivants qui concerneront les laïcs. Les uns et les autres se présupposent. Ils peuvent être lus dans l'ordre que le lecteur voudra.

presbytérat par rapport à la théologie post-tridentine. Il y a là des acquis capitaux, tant pour l'Église catholique que pour le dialogue œcuménique qu'elle mène avec les autres confessions chrétiennes. Mais voici que la résurgence d'une perspective tridentine tend à les occulter. Paradoxalement, le rôle de plus en plus grand joué par les laïcs reconduit la théologie du ministère presbytéral à un rôle presque exclusivement sacramentel. Cette dérive régressive est aussi capable de déstabiliser la conscience que les prêtres ont de leur propre ministère que la participation des laïcs à celui-ci.

Quelques grandes affirmations de Vatican II

Que nous dit Vatican II sur le ministère presbytéral [3] ? Au risque de revenir sur des choses qui devraient être maintenant bien assimilées dans la conscience de l'Église, reprenons brièvement les affirmations majeures de *Lumen Gentium* et de *Presbyterorum Ordinis*.

1. La considération ecclésiale du Concile part du peuple de Dieu. Elle affirme clairement qu'il n'y a qu'un seul sacerdoce, celui du Christ. A ce sacerdoce tout le peuple de Dieu participe au nom de l'onction baptismale. Ce sacerdoce est existentiel, c'est-à-dire qu'il n'est pas proprement de l'ordre du ministère (même s'il habilite aux ministères « baptismaux »), mais qu'il qualifie l'existence eucharistique de tous les baptisés, leur vie de foi, d'espérance et de charité. Il les fait vivre comme un « sacrifice vivant » dans un hommage constamment offert à Dieu de ce qu'ils sont et dans le service de leurs frères. Parler ici de sacerdoce royal, c'est proclamer que la vie chrétienne repose sur un don fondamental, sa participation au mystère de l'unique Médiateur, le Christ. Dire qu'il est existentiel, c'est aussi dire qu'il ne passe pas par

3. J'ai développé ailleurs « Le déplacement des catégories du ministère apostolique à Vatican II », *Pour une théologie œcuménique*, Paris, Cerf, 1990, p. 338-367.

l'offrande d'un sacrifice extérieur de substitution. Ce sacerdoce a une triple dimension, la parole, le culte et la royauté. La parole est une participation à la fonction prophétique du Christ et à son témoignage. Le culte est le « culte spirituel » et l'adoration en esprit et en vérité auxquels, selon saint Thomas, le croyant a accès en sa visibilité liturgique ; car c'est toute la communauté qui « offre » le sacrifice eucharistique du Christ, en apprenant de lui à s'offrir elle-même, et pas le prêtre seul. La dimension royale est celle de la liberté des enfants de Dieu, qui libère pour « régner » dans la justice et la sainteté sur le monde, et ordonne celui-ci à la louange de Dieu et au service du Royaume en marche. Il est remarquable que cette trilogie, parole, culte, royauté, soit utilisée par le Concile à la fois pour tous les baptisés et pour les ministres ordonnés. On peut penser que cela donne à confusion, et sans doute faut-il bien souligner les seuils. Le Concile le fait d'entrée de jeu en distinguant nettement « le sacerdoce commun des fidèles et le sacerdoce ministériel ou hiérarchique », qui « diffèrent entre eux selon l'essence, et non seulement de degré », et sont « ordonnés l'un à l'autre ; car l'un et l'autre participent, chacun d'une façon particulière à l'unique sacerdoce du Christ » (*LG* 10) [4]. Il existe donc deux participations à cet unique sacerdoce du Christ, l'une existentielle, l'autre ministérielle. Le but de la seconde est de permettre à chaque baptisé de vivre son propre sacerdoce comme un don reçu.

2. Cependant, cette remise en honneur du sacerdoce commun a des conséquences immédiates sur le langage employé à propos du ministère ordonné. La catégorie de sacerdoce ne peut plus jouer de manière immédiate le rôle

4. L'affirmation clé de la phrase est celle de la différence d'essence. Les deux sacerdoces ne sont pas comparables, car ils ne sont pas du même ordre. L'expression « *non gradu tantum* » peut être considérée comme une bavure rédactionnelle. Car une différence de degré prend sens à l'intérieur du même ordre. Or il n'y a pas de plus ou de moins entre les deux sacerdoces.

de catégorie-mère comme elle le faisait depuis le Moyen Age pour le presbytérat. Elle demande à être située. Le Concile ne la fait intervenir que dans un temps second. Son premier souci est de définir le ministère épiscopal à partir de son sens avant d'en venir à ses tâches. Ce sens s'enracine dans l'envoi en mission par le Seigneur Jésus des Douze Apôtres, dont les évêques sont les successeurs. Cet envoi en mission, relié au don de l'Esprit descendu sur les disciples, est le fondement du sacrement de l'Ordre dont le Concile voit la plénitude dans l'épiscopat. Les évêques agissent ainsi comme des « représentants » du Christ lui-même *(« in ejus persona »).* Tel est le sens de leur ministère.

C'est à propos de cet envoi qui fonde la collation du sacrement de l'Ordre dans l'Église que le Concile reprend le vocabulaire sacerdotal : « Le sacrement de l'Ordre que l'usage liturgique de l'Église et la voix des saints Pères appellent le sacerdoce suprême » (*LG* 21). La catégorie sacerdotale n'est plus une catégorie-sujet, mais une catégorie-attribut. Elle est attribuée à la charge publique *(ex officio)* de la participation ministérielle à l'office de Médiateur qui est celui du Christ. L'évêque et les prêtres – dont il sera dit la même chose en tant que « coopérateurs » de l'ordre épiscopal – ne sont en effet pas des médiateurs, mais des ministres de l'unique Médiateur. La médiation du Christ a renversé en quelque sorte le mouvement des anciennes médiations : celles-ci étaient surtout inscrites dans un mouvement ascendant qui cherchait au nom du peuple à lui concilier la bienveillance de la divinité. Le sacerdoce du Christ est avant tout une médiation descendante, c'est-à-dire qu'elle exprime et réalise visiblement la bienveillance de grâce du Père pour les siens [5]. S'il en est ainsi, le ministère de la médiation est lui aussi avant tout descendant.

---

5. Sur ce renversement, on ne peut que relire le livre de A. Vanhoye, *Prêtres anciens et prêtre nouveau selon le N.T.*, Paris, Seuil, 1980, qui, à partir de l'épître aux Hébreux, dit l'essentiel avec toute la clarté désirable.

3. Le premier des ministres à participer au sacerdoce du Christ est donc l'évêque. C'est d'abord à propos des évêques que le vocabulaire sacerdotal – on le sait, exclu par le Nouveau Testament pour les ministres de la nouvelle alliance – a été utilisé par l'Église ancienne. Quand on lit chez Cyprien *sacerdotes*, on peut bien traduire par *prêtres*, mais on doit savoir qu'il parle des évêques. On semble l'oublier aujourd'hui quand on entretient la confusion à propos du prêtre « de second rang », selon la dénomination ancienne, entre sacerdoce et presbytérat. On ne parle jamais d'« ordination sacerdotale » à propos d'une « ordination épiscopale », alors que l'on dit encore trop souvent « ordination sacerdotale » pour « ordination presbytérale ». La confusion entre sacerdoce et épiscopat – nullement souhaitable au demeurant – serait en quelque sorte plus justifiée que la confusion couramment entretenue entre sacerdoce et presbytérat.

4. La dimension sacerdotale du ministère de l'évêque concerne ses trois fonctions principales (*LG* 21) : l'annonce de la Parole, la sanctification par les sacrements, et le gouvernement pastoral de la communauté. Ceci est fondé déjà dans l'Écriture. Le Christ grand prêtre de l'épître aux Hébreux est un grand prêtre « digne de foi » *(pistos* [6]*)* (2,17) car il est « apôtre et grand prêtre de notre profession de foi » (3,1). « Il serait faux de penser, écrit A. Vanhoye, que l'auteur a séparé parole de Dieu et sacerdoce et qu'il a oublié, dans le sacerdoce du Christ, la fonction sacerdotale d'enseignement. C'est au contraire le premier point sur lequel il insiste. Le Christ "est apôtre et grand prêtre de notre profession de foi" (3,1). L'aspect d'autorité de la parole est développé avant tout autre (3,1-4,14). L'aspect de compassion sacerdotale et d'offrande sacrificielle ne vient qu'ensuite (4,15-5,10) et son efficacité est d'ailleurs subordonnée à la parole [7]. » D'autre

6. Je suis ici la traduction et l'interprétation de A. Vanhoye, *op. cit.*, p. 116.
7. *Id.*, *ibid.*, p. 126-127.

part, le seul texte du N.T. faisant appel à la dimension sacerdotale du ministère apostolique est celui de Paul pour qualifier son ministère de l'annonce de l'Évangile : il parle de la grâce que « Dieu m'a donnée d'être un officiant de Jésus Christ auprès des païens, consacré au ministère de l'Évangile de Dieu *(hierourgounta)*, afin que les païens deviennent une offrande qui, sanctifiée par l'Esprit Saint, soit agréable à Dieu » (Rm 15,16).

Cette solidarité sacerdotale des fonctions est aussi fondée dans la tradition ancienne de l'Église. Hervé Legrand a montré, à partir des témoignages des Pères des IIe et IIIe siècles, que l'on préside à l'eucharistie parce qu'on préside à l'Église [8]. Ceci signifie le lien profond entre la tâche de vigilance et de présidence et celle de sanctification. De même, selon la *Tradition apostolique* d'Hippolyte, l'évêque est une figure sacerdotale parce qu'il préside la communauté :

> Accorde, Père qui connais les cœurs, à ton serviteur que tu as choisi pour l'épiscopat, qu'il fasse paître ton saint troupeau et qu'il exerce à ton égard le souverain sacerdoce sans reproche, en te servant jour et nuit ; qu'il rende sans cesse ton visage propice et qu'il offre les dons de ta sainte Église ; qu'il ait, en vertu de l'esprit du souverain sacerdoce, le pouvoir de remettre les péchés suivant ton commandement [9].

S'il est vrai que la présidence de l'eucharistie, réservée longtemps à l'évêque, a joué un rôle important dans l'attribution qui lui fut faite du vocabulaire sacral du sacerdoce, il serait inexact de retenir que ce fut le seul facteur. En effet, c'est dans ces trois fonctions que l'évêque est le ministre du Médiateur, c'est-à-dire qu'il accomplit ministériellement ce que le Christ fait pour son Église. Ces trois fonctions sont proprement théologales. C'est dans cette tradition que s'ins-

---

8. H. Legrand, « La présidence de l'eucharistie selon la tradition ancienne », *Spiritus* 69 (1977/4), p. 409-431.

9. Hippolyte de Rome, *Tradition apostolique*, 3 ; trad. B. Botte, *SC* 11 bis, p. 45. Ce texte est invoqué à la note 19 du chap. III de *Lumen Gentium*.

crit le chapitre III de *Lumen Gentium*, en prenant bien soin de parler de la dimension sacerdotale au niveau du sens du ministère épiscopal. Ce faisant, le Concile met le caractère sacerdotal en quelque sorte en facteur aux trois tâches *(munera)* de l'évêque (*LG* 21). Il affirme que la "première" fonction des évêques est la prédication de l'Évangile » (*LG* 25), reprenant en cela une affirmation du concile de Trente dans ses décrets de Réforme [10]. Va dans le même sens l'affirmation que le pouvoir de juridiction, qui est un « droit sacré », vient aux évêques de leur ordination et non directement du pape, parce qu'ils ne sont pas des « vicaires des Pontifes Romains » (*LG* 27). Il faut donc considérer comme une dérive le blocage de la dimension sacerdotale sur la seule fonction sacramentelle, en particulier la célébration de l'eucharistie, et l'oubli que c'est l'évêque qui est en fait le premier titulaire du ministère sacerdotal [11].

Paul VI, dans *Evangelii Nuntiandi* reste dans cette perspective, quand il souligne que c'est de l'ordination épiscopale et presbytérale que vient aux évêques et aux prêtres l'autorité pour enseigner dans l'Église :

> Unis au Successeur de Pierre, les évêques successeurs des apôtres reçoivent par la force de leur ordination épiscopale l'autorité pour enseigner dans l'Église la vérité révélée. Ils sont les maîtres de la foi.
>
> Aux évêques sont associés dans le ministère de l'évangélisation, comme responsables à un titre spécial, ceux qui par l'ordination sacerdotale « tiennent la place du Christ », en tant qu'éducateurs du peuple de Dieu dans la foi, prédicateurs, tout en étant ministres de l'eucharistie et des autres sacrements.

---

10. Cf. *infra*, p. 92.

11. Ce double blocage s'est opéré au Moyen Age au moment où d'une part la réalité sacramentelle de l'épiscopat était mise en doute et où d'autre part l'évolution de la figure du prêtre mettait en un relief parfois exclusif son rapport aux sacrements (cf. les prêtres ordonnés *ad missam*). Dans cette perspective l'évêque célébrant l'eucharistie n'apparaissait pas plus *sacerdos* que le prêtre accomplissant le même acte.

Ce qui constitue la singularité de notre service *sacerdotal*, ce qui donne unité profonde aux mille tâches qui nous sollicitent au long de la journée et de la vie, ce qui confère à nos activités une note spécifique, c'est ce but présent en toute notre action : « annoncer l'Évangile de Dieu ».

Voici un trait de notre identité qu'aucun doute ne devrait entamer, aucune objection éclipser : pasteurs, nous avons été choisis par la miséricorde du souverain Pasteur malgré notre insuffisance pour proclamer avec autorité la Parole de Dieu, pour rassembler le peuple de Dieu qui était dispersé, pour alimenter ce peuple avec les signes de l'action du Christ que sont les sacrements, pour les mettre sur la voie du salut, pour le maintenir dans cette unité [12].

5. Le prêtre de second rang est le coopérateur de l'évêque dans sa charge pastorale. Avec lui il participe au sacerdoce du Christ dans un « sacerdoce ministériel », ou plus exactement dans un « ministère sacerdotal » qualifiant les trois fonctions qui sont les siennes à un niveau de responsabilité et d'exercice plus réduit que celui des évêques. Mais la définition propre de son ministère s'exprime dans le terme de presbytérat qui dit son insertion dans le collège du presbyterium, sa communion à l'évêque et le degré de sa participation aux trois charges pastorales. Comme pour l'évêque ce ministère se définit d'abord par son sens avant de s'exprimer à travers ses tâches : les prêtres sont « configurés au Christ prêtre, de façon à ce qu'ils soient capables d'agir au nom du Christ Tête *(in persona Christi Capitis)* [13] ».

Tout ce qui vient d'être dit demande donc de réintroduire la distinction nécessaire entre presbytérat et sacerdoce. Les deux réalités ne se recouvrent pas. La confusion linguistique entre les deux termes (déjà présente en latin, mais augmentée en français où il n'y a qu'un mot pour traduire *presbyter* et *sacerdos*) est tellement inscrite dans notre langage qu'elle refait massivement surface aujourd'hui, après les réels efforts

---

12. Paul VI, *Evangelii Nuntiandi*, 68 ; *DC* 1689 (1976), p. 15-16.
13. *Presbyterorum Ordinis*, 2,3.

du temps de Vatican II pour remettre en honneur cette distinction [14]. Celle-ci n'a pas pour objet de faire oublier la catégorie sacerdotale mais de la comprendre selon sa vérité proprement néo-testamentaire et chrétienne et de la situer dans le cadre du mystère de l'Église et de la mission de ses ministres ordonnés.

6. Vatican II a enfin restauré le diaconat permanent qui peut être conféré à des hommes « même déjà mariés [15] ». Ce ministère appartient au sacrement de l'Ordre, mais il ne comporte pas la dimension sacerdotale. Le diacre est ordonné « pour le service... de la liturgie, de la parole et de la charité ». Le service est le mot clé de ce ministère qui est une représentation symbolique privilégiée – et donc pas exclusive – de la personne du Christ Serviteur, venu non pas pour être servi mais pour servir. Une dimension essentielle à l'Évangile s'exprime à travers le diaconat, service théologal et missionnaire des mystères du Christ et de l'Église. L'intention du Concile était de remettre en honneur cette originalité ministérielle, complémentaire, mais différente des ministères épiscopal et presbytéral. Une fois encore, le sens de ce minis-

14. Toute l'histoire de l'élaboration du décret *Presbyterorum Ordinis* se résume dans ce passage de la catégorie de sacerdoce à celle presbytérat. Le terme de *presbyteri* (généralement au pluriel) est employé 125 fois, contre 32 emplois de *sacerdotes*. Le droit canon de 1983 comprend, suivant les parties, les deux termes. Manifestement un rédacteur a employé *presbyteri* et un autre *sacerdotes* et les derniers réviseurs ont jugé les deux termes équivalents. Dans *Pastores dabo vobis* de Jean-Paul II le terme de *sacerdos* se trouve 348 fois et celui de *presbyter* 198 ; *sacerdotalis* 142 et *presbyteralis* 34 ; *sacerdotium* 142 et *presbyteratus* 8. Cependant, cette exhortation apostolique décrit le « sacerdoce ministériel » comme un envoi en mission, de caractère très relationnel (n° 12) et mentionne ses trois fonctions à la manière de Vatican II : « Dans l'Église et pour l'Église, les prêtres représentent sacramentellement Jésus-Christ Tête et Pasteur, ils proclament authentiquement la Parole, ils répètent ses gestes de pardon et d'offre de salut, surtout par le baptême, la pénitence et l'eucharistie, ils exercent sa sollicitude pleine d'amour, jusqu'au don total de soi-même, pour le troupeau qu'ils rassemblent dans l'unité » (15, *DC* 2050 (1992), p. 459).

15. *LG* 29.

tère est prioritaire par rapport à l'énumération de ses tâches possibles [16].

Le ministère du diacre est traversé par une incontestable tension : d'une part, il constitue un degré du sacrement de l'Ordre et appartient à l'unité de ce sacrement ; d'autre part, il n'est pas sacerdotal et en ce sens ce ministère n'est pas proprement « pastoral ». Il est relié directement à l'évêque, non pas dans la ligne pastorale de l'animation des communautés, mais dans celle du service d'un secteur de la vie ecclésiale. Il est vrai que le diaconat a été vécu dans l'histoire sous des figures très variées et qu'on lui a souvent confié des tâches pastorales. Disons seulement que la « figure » de ce ministère restauré se cherche encore dans la vie des Églises particulières [17].

Voilà ce qui peut être résumé rapidement de l'enseignement de Vatican II sur le sens et la spécificité du ministère ordonné dans l'Église. Depuis le Concile et sur son fondement un effort théologique très important a été fait dans le sens d'une relecture des témoignages bibliques et de ceux de la tradition [18]. Un travail analogue a été accompli au plan œcuménique et s'est montré extrêmement fructueux. De grandes convergences se dégagent [19]. Malheureusement, il ne suffit pas qu'un concile parle pour que tous les problèmes soient résolus. Il n'y a rien de plus difficile qu'une conversion des

16. Le mouvement qui a conduit à la décision de Vatican II et les délibérations du Concile sur le diaconat sont bien présentés par F. Deniau, *art. cit.*, p. 523-525.

17. Je reviendrai plus loin sur la mise en œuvre du ministère diaconal, p. 111-113.

18. On en trouve un premier bilan dans *Le ministère et les ministères selon le Nouveau Testament, op. cit.*

19. Je ne peux que renvoyer ici aux nombreux documents œcuméniques portant sur le ministère, en particulier les documents des Dombes, ceux de la Commission anglicane-catholique et de la Commission luthérienne-catholique, et enfin celui de Lima, *Baptême, Eucharistie, Ministère.* On ne peut que regretter que les points d'accord déjà enregistrés ne pénètrent pas davantage la pastorale catholique.

mentalités. Reconnaissons que, sur ce point, la conversion des mentalités n'est pas acquise.

Pour la légitimité d'un appel au concile de Trente

L'appel au concile de Trente pour fonder la théologie du ministère presbytéral refait surface aujourd'hui [20]. Dans la requête de points de repères sûrs, on est tenté de revenir aux affirmations brèves et tranchées du concile du XVIe siècle : le prêtre y est défini à partir du sacerdoce et du rapport entre sacerdoce et sacrifice ; il est appelé dans le latin du texte *sacerdos* et très rarement *presbyter* ; il est défini comme celui qui célèbre l'eucharistie et remet les péchés [21]. Vatican II cite même quelques-unes de ses expressions *(PO* 2*)*, juxtaposées à son propre développement dont l'horizon et les références sont infiniment plus larges.

Sous peine de tomber dans un fondamentalisme conciliaire dangereux, il convient de rejoindre le concile de Trente dans son histoire, ses conditionnements et ses intentions, et de lui appliquer les règles courantes de l'herméneutique.

Tout d'abord, le Concile était conditionné par la polémique vis-à-vis de la Réforme qui lui a fait répartir son travail en deux secteurs menés de front : les dogmes et la réforme dans l'Église. Comme les Réformateurs ne retenaient du ministère presbytéral que celui de la parole, le Concile n'a pas voulu en parler dans le décret dogmatique, pour ne pas sembler leur céder. Mais dans les décrets de réformation il a rappelé fréquemment la nécessité pour les évêques, les curés et l'ensemble des prêtres d'annoncer la parole de Dieu. Plus encore, il a affirmé que « prêcher l'Évangile, c'est là la charge princi-

20. C'est ce qu'a fait le récent document du Bureau d'Études doctrinales de l'épiscopat français, *Les ministres ordonnés dans une Église-communion, DC* 2071 (1993), p. 420-429.

21. Concile de Trente, Session 23, Décret dogmatique, ch. 1 ; *Les conciles œcuméniques. Décrets (COD),* Paris, Cerf, 1994, II-2, p. 1509 ; *FC* 892.

pale des évêques [22] ». Cette expression a été citée par Vatican II, on l'a vu, dans *Lumen Gentium* (25), lui reconnaissant ainsi une dimension doctrinale. Ces mêmes décrets de réformation expriment clairement la triple tâche du ministère épiscopal :

> Il est commandé *de précepte divin* à tous ceux à qui a été confiée la charge des âmes, de connaître leurs brebis, d'offrir pour elles le sacrifice, de les nourrir par la prédication de la Parole de Dieu, par l'administration des sacrements et par l'exemple de toutes les bonnes œuvres, d'avoir un soin paternel des pauvres et des autres personnes dans le malheur, et de s'appliquer aux autres charges pastorales [23].

De même, la capacité d'enseigner le peuple sera désormais une condition nécessaire pour être ordonné. A. Duval, le grand spécialiste des sacrements au concile de Trente, estime que « la théologie qui s'exprime dans ces décrets n'est pas exactement la même que celle du décret dogmatique [24] ».

Comment comprendre dès lors le décret dogmatique ? Il s'inscrit dans la grande crise qui marqua la troisième période conciliaire sur la question du rapport entre le primat romain et l'épiscopat. Le pape ne voulait pas que la question soit abordée. Les consignes transmises au Concile par son neveu Charles Borromée sont claires : « En ce qui concerne l'Ordre [...] laisser de côté, sans en faire la moindre mention, tout ce qui peut se rapporter à la primauté de saint Pierre et epar conséquence à l'autorité de Sa Sainteté, à l'institution des évêques et à leur juridiction : n'aborder purement et sim-

---

22. *Ibid.*, Session 5, Décret de Réformation, can 9 ; *COD* II-2, p. 1363. Affirmation reprise à la session 24, Décret de Réformation, can. 4 ; *ibid.*, p. 1551.

23. *Ibid.*, Session 23 (c'est-à-dire la session même où fut promulgué le décret dogmatique sur l'Ordre), Décret de Réformation, can. 14 ; *COD* II-2, p. 1513.

24. A. Duval, *Des sacrements au concile de Trente*, Cerf, 1985, p. 371-379.

plement que ce qui appartient au sacrement de l'Ordre[25]. » D'entrée de jeu, il était donc exclu que le Concile donne une doctrine complète et structurée du ministère apostolique. Il s'interdisait de le traiter à partir du ministre qui en est le premier dépositaire, l'évêque. Il est étonnant que dans la liste des ordres mineurs et majeurs qu'il donne (chap. 2), il « oublie » l'épiscopat, dont il décrira seulement au dernier chapitre les fonctions sous la catégorie de « hiérarchie ecclésiastique ». Sous le terme « sacrement de l'Ordre » Trente ne retient donc que le pouvoir sacramentel des prêtres, se contentant d'affirmer ce qui faisait l'objet de la négation ou de la contestation des Réformateurs. Il le fait à partir de la connexion entre sacrifice et sacerdoce. Le ministère de la prédication n'est même pas mentionné, car le Concile a le souci de maintenir contre les Réformateurs que l'on peut être prêtre même si l'on ne prêche pas, sa majorité estimant que la prédication dépendait de la juridiction et non pas de l'Ordre. Bref, le Concile a voulu dire le minimum en pointant ses affirmations sur celles, antagonistes, des Réformateurs.

Si l'on regarde maintenant la « réception » du Concile, on ne peut s'en tenir à la référence dogmatique qui fera loi dans tous les manuels. L'œuvre concrète de Trente fut de restaurer d'une part la figure de l'évêque prédicateur et docteur, à l'exemple des grands évêques des IVe et Ve siècles. Saint François de Sales en est une figure éminente. Par le décret d'institution des séminaires, il a contribué à la formation d'une nouvelle figure du prêtre pasteur, parce que plus instruit, mieux formé et capable d'annoncer la parole de Dieu.

En conséquence, Trente et Vatican II ne « s'opposent » nullement au sens où le second prendrait formellement le contre-pied du premier. Vatican II a d'une part unifié dans une vision synthétique ce qui était séparé à Trente et l'a d'autre part inscrit dans un espace doctrinal différent, qui part du mystère de toute l'Église, du ministère de l'évêque

25. Cité par A. Duval, *op. cit.*, p. 339.

et non de celui du prêtre, de la mission et non du sacerdoce. Il s'exprime largement sur les points enveloppés dans les silences de Trente, avec une conception sacramentelle de l'épiscopat que le concile du XVIe siècle n'avait pas. On peut dire qu'à Vatican II c'est tout l'ensemble de la conceptualité du ministère qui se trouve déplacée et restructurée. Sans doute les affirmations de Trente sont-elles maintenues. Mais on ne saurait, en aucune manière, en conclure que l'on peut ramener le second concile au premier, comme si, pour retenir l'essentiel du discours généreux et abondant (« pastoral ») de Vatican II, il suffisait de revenir aux affirmations claires et nettes de Trente. Nous sommes tenus aujourd'hui aux affirmations de Vatican II, qui insiste tant pour montrer que les ministères épiscopal et presbytéral ne se réduisent pas aux sacrements.

Le retour actuel à la doctrine de Trente semble être motivé par une inquiétude, qui devient dans l'Église la source d'une fixation angoissée. Devant le rôle croissant des laïcs dans leur participation aux tâches pastorales, on veut redonner confiance aux prêtres en leur rappelant ce qu'ils sont seuls à pouvoir faire. On soupçonne une confusion entre le sacerdoce ministériel et le sacerdoce des fidèles. Ce discours représente-t-il la bonne manière de conforter les prêtres dans la spécificité de leur ministère ? Bien sincèrement, je ne le pense pas. Ce n'est pas rendre service aux prêtres que de les pousser à penser ainsi exclusivement à partir des deux sacrements de l'eucharistie et de la réconciliation. C'est là une conception résiduelle de leur ministère. Il s'agit même d'une dérive doctrinale, aussi paradoxal que cela paraisse, non seulement au regard de l'enseignement de Vatican II, mais encore à celui de la pratique du ministère qu'a délibérément voulu le concile de Trente.

La conviction vivante d'un prêtre sur son ministère ne peut se passer des deux autres fonctions, c'est-à-dire de la relation pastorale, dans laquelle il témoigne de l'Évangile et se met au service de la grâce dans la conscience des fidèles par son animation et son accompagnement des communautés. Un prêtre qui a engagé et consacré sa vie au service du peuple de l'Église dans le célibat ne peut pas vivre heureusement son ministère sans être porté par des relations et des expériences pastorales fortes.

VERS DE NOUVELLES FIGURES DES MINISTÈRES PRESBYTÉRAL ET DIACONAL

Un risque de dérive : la mise en œuvre de la théologie résiduelle du ministère ordonné

Au plan pastoral bien des dérives sont possibles. La tentation la plus immédiate consistera à confier de plus en plus aux laïcs les ministères d'annonce de la parole et d'animation des communautés et de cantonner les prêtres dans le ministère des sacrements. Cette amorce de répartition des tâches n'est pas juste au regard de la doctrine de Vatican II, n'est pas heureuse pour les prêtres eux-mêmes, on l'a vu, et déforme ce que les fidèles doivent comprendre de la nature de ce ministère à la lumière de sa « figure » concrète. Car les trois tâches reconnues par Vatican II au ministère des évêques et des prêtres, coopérateurs des évêques, ont une dimension sacerdotale, ce terme étant pris dans son sens néotestamentaire. Il n'est bon pour personne de donner du prêtre l'image du personnage « sacré », du « technicien », voire du « magicien » des sacrements réduits à l'instant de leur célébration rituelle. Il est donc primordial que le ministère du prêtre de demain ne soit pas cantonné dans l'une de ses tâches, célébrer les sacrements et en particulier l'eucharistie, d'une manière tellement répétitive pour lui qu'elle engendre une saturation malsaine. Il ne convient pas que son ministère soit commandé par la perspective « résiduelle » : faire avant tout, et la limite faire seulement ce qu'il est le seul à pouvoir faire. Il importe, au contraire, qu'il garde un rôle actif dans l'annonce de la parole et l'animation des communautés.

Se laisser aller dans cette dérive serait contredire Vatican II. Dans une interview récente, G. Martelet a rappelé la priorité du ministère « prophétique » du prêtre à travers sa mission d'annoncer l'Évangile :

> Il faudra attendre le concile Vatican II et l'intervention de certains théologiens de l'Église d'Orient, comme Mgr Doumith, pour se convaincre de nouveau que l'origine du ministère presbytéral n'est pas le culte seul, mais d'abord la mission, et que ce qui est fondamental dans le ministère, c'est son apostolicité. [...] Le culte est un sommet, mais un sommet dont on redescend sans cesse. On y monte et on en revient. Cette pulsation profonde permet de dire que le fond du ministère du prêtre est d'ordre prophétique. [...]. Ce n'est pas le culte qui est premier, c'est l'Évangile. Et c'est parce qu'il y a une communauté qui accède à la prédication évangélique de l'Église apostolique qu'il y a une communauté initiée [26].

D'ailleurs, les prêtres eux-mêmes s'en rendent compte et c'est peut-être là l'objet de leur plus grande inquiétude. J'entends souvent la réflexion suivante : « Le prêtre ne peut pas être réduit à un distributeur de sacrements. » Sur ce point les témoignages sont nombreux :

> Le système pratiqué en France voisine expose les laïcs à prendre des responsabilités curiales. Cette façon de procéder ne semble pas être la bonne, car elle risque de susciter un changement dans la fonction du prêtre dans un sens où celui-ci est réduit uniquement à célébrer la messe et à donner les sacrements. Ce n'est plus le prêtre qui fait communauté avec ses paroissiens. Ce n'est plus le prêtre de l'Évangile dans l'ecclésiologie catholique (un conseil presbytéral suisse).
>
> Comment répartir les tâches, les responsabilités pour que je ne sois pas que le distributeur des sacrements ? (témoignage d'un prêtre).

26. G. Martelet, « Signification et rôle du ministère presbytéral », Secrétariat de la Conférence des évêques de France, Apostolat des laïcs, janvier 1993, p. 1-2.

Le prêtre ne peut pas être un simple « distributeur des sacrements », ce qui serait fort réducteur [27].

Dans le monde rural : une figure paulinienne

Qui dit diaspora dit inévitablement ministère itinérant. Cette situation, qui se généralise, nous renvoie à un cas de figure attesté dans les communautés primitives du Nouveau Testament, en particulier les communautés pauliniennes. Si on s'interroge sur leur « équipement » ministériel, on y discerne, du vivant de l'apôtre, trois échelons de ministres : il y a d'abord l'apôtre lui-même, apôtre par une vocation (Rm 1,1 ; Ga 1,1) qui est le fruit d'une vision du Seigneur ressuscité (1 Co 15,8). Cet apôtre est en communion avec Pierre, les Douze, les colonnes de l'Église (Ga 2). C'est lui qui représente l'autorité dernière sur les Églises qu'il a fondées.

Il y a ensuite ses compagnons et collaborateurs, qui sont avec lui en relation de communion et de subordination : Apollos (1 Co 3,5), Barnabas (1 Co 9,6) et Silas ; Timothée (« mon collaborateur », Rm 16,21), envoyé par Paul (Ph 2,19 ss ; 1 Th 1,1 ; 1 Co 16,10) ; Tite (Ga 2,3), Epaphras, Epaphrodite, Tychique.

Il y a enfin des ministres locaux qui sont en charge globale de la communauté, dont Paul prend la défense et authentifie l'action. Les textes des épîtres les mentionnent clairement : « Ceux qui se donnent de la peine au milieu de vous, qui sont à votre tête dans le Seigneur et qui vous reprennent » (1 Th 5,12). De même, la communauté de Corinthe doit se ranger sous le groupe de Stéphanas, « les prémices de l'Achaïe », qui s'est mis au service des saints (1 Co 16,15-16).

L'identification de ces trois échelons au regard de l'Église instituée est la suivante. L'Apôtre reste le témoin de l'événement du Christ : en cela son ministère est intransmissible.

27. B. Delizy, in M. Leboucher, *op. cit.*, p. 83.

Mais toute la responsabilité qui chez lui est transmissible est confiée aux délégués d'apôtres, « collaborateurs » qui prennent progressivement la figure de « successeurs ». Nous sommes ici à l'origine du ministère de l'évêque, successeur des apôtres, qui se fixera progressivement dans les centres urbains. Les ministres locaux, qui ne sont pas appelés « presbytres » par Paul, correspondent cependant au ministère des presbytres dans les communautés palestiniennes. Nous sommes à l'origine du futur ministère presbytéral qui se dessinera à travers bien des évolutions institutionnelles à survenir. Cependant, ces ministres ne sont pas encore « ordonnés » au sens propre du terme. Leur « autorité » vient de leur reconnaissance par l'apôtre et du fait qu'ils vivent avec lui dans la double relation de communion et de subordination. Du point de vue de l'accès au ministère, la procédure semble proche de celle des laïcs actuels, appelés à assumer une fonction proprement pastorale, en lien avec les communautés, par un envoi en mission de l'évêque.

Aussi bien l'enseignement que je voudrais tirer ici de ce témoignage ne concerne pas la « structure » de l'Église, mais plutôt un cas de sa « figure », qui ne s'impose pas comme tel, mais demeure une référence particulièrement autorisée. L'apôtre correspond alors à l'évêque, le missionnaire itinérant au prêtre et le ministre local aux laïcs qui ont reçu une lettre de mission. Le prêtre dans cette figure devient un ministre itinérant, dont la fonction principale est la visite régulière des communautés, la formation et le soutien des ministres locaux, la vigilance sur la communion (conflits de personnes, etc.), l'accomplissement de prédications et de conférences pour annoncer la parole de Dieu, l'animation de certains groupes (étude de Bible, échanges spirituels, Action catholique), célébrations sacramentelles. Autrement dit, son ministère s'apparente à celui de l'évêque, mais selon une fréquence et avec une présence beaucoup plus grandes et en entrant davantage dans la vie des communautés.

La comparaison avec le ministère épiscopal ne doit pas

étonner. L'époque patristique a connu en Orient l'institution des « chorévêques », c'est-à-dire des « évêques de campagne » exerçant un ministère plus ou moins itinérant. Ils étaient évidemment soumis à l'évêque du lieu. Leur caractère proprement épiscopal est très controversé par les historiens. Mais ils purent, au moins en certains endroits, ordonner les clercs jusqu'au diaconat et à la prêtrise inclusivement, à condition d'y être autorisés par l'évêque. Progressivement, leurs pouvoirs furent restreints et ils disparurent au VIIIe siècle. En Occident, le titre a visé plus tard les évêques auxiliaires.

Cette « figure » nouvelle du ministère presbytéral s'esquisse déjà dans le droit canon à partir de la notion du « prêtre-modérateur de la charge pastorale » (can. 517,2). L'expression est très globale et son contenu se précisera à travers l'expérience [28]. Retenons seulement la difficulté propre à un tel ministère qui demande des prêtres particulièrement bien formés humainement, théologiquement et spirituellement, et vraiment capables de gérer la vie ecclésiale d'un certain nombre de communautés. Car ils auront autorité sur les ministres locaux, une autorité qui mettra en jeu leur qualité personnelle de relation et de communication, pour s'exercer au sein d'une communion très forte. Il n'est donc pas dit que tous les prêtres ordonnés aient les dons requis pour un ministère d'animation qui ressemble plus à celui de l'évêque qu'à celui du prêtre traditionnel. Chacun doit être utilisé dans le cadre de ses charismes, de ses dons de relation et de sa santé. Une telle figure, même si elle est appelée à devenir dominante en certains endroits, ne pourra concerner le ministère de tous les prêtres [29].

---

28. Cf. J. Rigal, *op. cit.*, p. 179-181.

29. Dans ce développement j'ai retenu la dimension territoriale du ministère, parce que celle-ci demeure incontournable. Mais il est clair que dans la pastorale de demain il faudra tenir compte des autres formes de regroupements humains. C'est toujours en fonction de la nature des communautés qu'il faut penser la figure de leurs ministères.

Cette figure s'impose déjà peu ou prou dans les régions rurales de France. Quand un curé rural devient le responsable de 20 paroisses, correspondant à un secteur de plusieurs dizaines de kilomètres, la nature de son ministère, nous l'avons vu, n'est plus la même : le changement quantitatif s'est mué en un changement qualitatif. Ce prêtre devient de fait le « modérateur » d'un grand nombre de paroisses. Il visite et soutient des ministres locaux qui assurent le quotidien.

Un problème se pose alors : ce prêtre ne sera-t-il pas condamné à devenir un homme d'« état-major », un ministre dont le contact personnel avec les fidèles sera plus distant et trop collectif ? Ne sera-t-il pas tenté de se replier sur le seul rôle d'animateur, d'organisateur et de président, mais avec la distance qu'impose à son activité une grande part d'administration ? Ce serait alors une autre forme d'exercice « résiduel » de son ministère. Un carrefour d'évêques s'interrogeait récemment à ce sujet :

> Qu'est-ce qui fera vivre le prêtre demain ? Comment sera-t-il sacrement de l'amour divin s'il est un voyageur permanent ou un simple formateur d'animateurs ? Quelle sera sa communauté ? Des rapprochements ont été opérés, par certains, entre le ministère concret du prêtre à venir et celui de l'évêque présent [30].

De son côté, un prêtre du Calvados, responsable de 25 clochers, faisait l'expérience du même problème :

> Le plus évident, c'est qu'il n'y a plus de curé. [...] Les conditions actuelles font de moi un gestionnaire qui connaît mieux les problèmes que les hommes. Comment être toujours disponible pour des gens qui me perçoivent toujours « à la bourre » ? – « C'est vrai, vous avez tant de travail, monsieur le Curé ! » Voilà une phrase que je ne voudrais plus entendre. Il me faut redevenir abordable, avoir le temps pour écouter, sans oublier mon ressourcement personnel. [...] S'il m'arrive d'être inquiet dans les moments de fati-

30. Carrefour sur le dimanche, *DC* 2018 (1990), p. 1103.

gue, je voudrais dire mon espérance : la certitude que l'avenir des communautés chrétiennes se joue du côté des laïcs. Avec moins de prêtres et plus de chrétiens qualifiés, tout est jouable ! Et c'est déjà en route : des gens sont prêts à se lancer dans l'aventure [31].

Idéalement (mais les effectifs le permettront-ils ?), il serait très souhaitable que le prêtre modérateur garde un lieu de ministère direct, où il soit en prise avec une paroisse, une aumônerie, ou une communauté chrétienne à lui directement confiée. S'il demeure l'homme d'une communauté, il en retirera plus d'expérience et d'autorité pour son ministère « indirect » dans les autres communautés. La tradition de l'Église nous en donne un exemple éminent : le pape est d'abord l'évêque de l'Église locale de Rome.

Dans le monde urbain : le prêtre et ses nouveaux « vicaires »

Une figure analogue du ministère presbytéral se répand et se répandra aussi dans les milieux urbains, mais avec les adaptations que requiert l'existence de distances beaucoup plus réduites. Sans doute certaines fonctions classiques, comme celles des curés de grandes paroisses, resteront-elles. Mais dans nombre de banlieues ou de paroisses plus petites, les équipes presbytérales actuelles tendront à devenir des équipes formées d'un prêtre modérateur, peut-être d'un diacre avec sa mission propre, et de plusieurs laïcs. La tâche des vicaires d'autrefois et même de certains curés actuels de banlieue, sera assumée par des laïcs. Le rôle premier du prêtre modérateur sera d'animer cette coopération dans le secteur qui lui sera confié, tout en gardant une relation directe avec un certain nombre de fidèles.

---

31. P. Chapron, « L'espérance d'un curé de campagne », *La Croix*, 4 mars 1993, p. 13.

Une impasse : l'accès à l'eucharistie dominicale

Ce qui vient d'être dit ouvre sans doute une voie. Mais cela ne résout pas le problème urgent et crucial de l'eucharistie dominicale. J'ai déjà exprimé la contradiction dans laquelle se trouve de plus en plus l'Église catholique en bien des lieux, avec une mauvaise conscience et un silence gêné. Il faut y revenir.

Le manque de prêtres a amené la création de liturgies dominicales couramment appelées ADAP (Assemblées dominicales en l'absence [ou en attente] de prêtres)[32]. En effet, la tradition et la conviction doctrinale de l'Église catholique lui interdisent la pratique de la « délégation pastorale » pour la présidence de l'eucharistie, comme le font certaines Églises de la Réforme. 78 diocèses français pratiquent actuellement de manière régulière l'ADAP, dans 2 750 lieux. Elles ont connu un doublement de 1977 à 1994. Elles concernent, suivant les diocèses, de 10 à 100 églises paroissiales. La fréquence le plus souvent observée est d'une ou deux ADAP par mois : ces deux fréquences recouvrent 57 % des situations[33]. Étant donné le niveau actuel des ordinations presbytérales, ces ADAP sont normalement appelées à se multiplier en extension et en fréquence.

L'Église semble actuellement dans une impasse. C'est un véritable paradoxe de penser que l'Église catholique dont la spiritualité est fortement eucharistique, dont la pratique privilégie cette célébration depuis des siècles, qui demande à ses religieux et à ses religieuses une participation quotidienne à l'eucharistie, en arrive à ne plus pouvoir offrir l'eucharistie dominicale aux fidèles auxquels elle fait par ailleurs un devoir d'y participer. L'Église a-t-elle le droit de s'installer dura-

32. Le changement subtil de l'explication du sigle, « attente » au lieu d'« absence » est un signe de cette mauvaise conscience. On affirme le caractère « provisoire » d'une solution dont, en fait, personne n'ose prévoir le dépassement.

33. *L'Église catholique en France 1995*, p. 182.

blement dans la pratique des ADAP ? Cette situation ne saurait durer longtemps sans avoir des conséquences tragiques. Ces conséquences sont à la fois théologales et pastorales. Elles concernent « l'identité de l'Église [34] ». Au plan pastoral certains fidèles ne font plus la différence entre une ADAP et la véritable eucharistie. D'autre part, il est légitime d'invoquer ici le droit des fidèles aux sacrements, reconnu dans le dernier droit canon (can. 213) [35]. Il s'agit ici du droit des communautés elles-mêmes. Il faudra bien trouver une solution à ce problème avant qu'il ne soit trop tard.

Les témoignages qui s'alarment devant la perspective d'un avenir durable des ADAP se multiplient :

> *Mgr Weakland, archevêque de Milwaukee (USA)* : S'il n'est pas possible actuellement de fixer combien de paroisses n'auront plus de messe le dimanche, il y en aura beaucoup plus, au tournant du siècle, que nous ne le souhaiterions. Et il est encore plus difficile d'en déterminer le nombre pour l'an 2010. Dans tous les cas nous devons être prêts à ce qui va arriver. [...] Nous devons continuer de prier pour un renouveau des vocations sacerdotales, mais l'on doit être réaliste et admettre que les décès et les départs en retraite dépasseront les ordinations, du moins c'est ce que la tendance actuelle paraît indiquer.
>
> L'usage en cours dans la plupart des diocèses où cela est arrivé est d'autoriser une personne laïque ou un diacre permanent à diriger un service dominical avec une Liturgie de la Parole et la distribution de la sainte communion. Une telle solution n'est pas de tradition dans l'Église catholique. [...] Je serais hésitant à autoriser sur une base régulière la distribution de la communion à la place de l'Eucharistie dans sa plénitude. Si cela devait durer de nombreuses années – même durant une génération – je ne vois pas comment l'identité catholique pourrait se maintenir. Nous deviendrons une espèce différente d'Église qui ne serait plus fondée sur le rassemblement autour du sacrifice eucharistique. [...]
>
> Avoir seulement une liturgie de la Parole sans distribution de la sainte communion dans les paroisses où il n'est pas possible d'avoir

34. Cf. J. Rigal, *op. cit.*, p. 131.

35. Cf. B. Sesboüé, « Les animateurs pastoraux laïcs », *Études*, septembre 1992, p. 254.

la messe du dimanche, pose aussi des problèmes. [...] Je suis certain que dans des circonstances normales, il serait alors difficile de maintenir notre héritage catholique et notre tradition, et partant, notre identité.

Ces deux solutions, spécialement si elles durent de nombreuses années et peut-être durant toute une génération, m'effrayent [36].

Rapport de Mgr C. Dagens : On le constate dans le monde rural avec une réelle souffrance : car il devient parfois difficile, à moins d'une adhésion résolue dont le prix est assez lourd, spécialement pour des jeunes, de pratiquer habituellement la religion catholique dans ses manifestations les plus visibles : catéchèse d'enfants, assistance régulière à l'eucharistie, rencontres avec un prêtre ou avec un témoin qualifié de la foi pour un dialogue approfondi [37].

C. Flipo : Il faudra bien, en particulier, trouver des voies nouvelles pour assurer la présidence de l'Eucharistie dans un nombre de lieux suffisant [38].

Une religieuse m'écrit : A certains moments aussi dans nos communautés religieuses féminines, qu'il est rude de ne pouvoir célébrer l'eucharistie faute de prêtre. Certes, nous pouvons inventer d'autres formes de célébration – et nous le faisons – mais ce seront toujours des formes « infirmes ».

Je ne prétends pas faire le procès des ADAP. Mais à moyen terme l'Église catholique se doit à elle-même de trouver une solution à la hauteur de la gravité du problème. Au regard de l'évolution du nombre des vocations presbytérales de jeunes, il apparaît manifeste qu'elle ne pourra pas faire face aux besoins normaux de l'eucharistie dominicale avec les ressources de la seule filière actuelle d'accès à l'ordination. Il faut penser à d'autres filières qui considèrent non plus seulement des jeunes, mais aussi les adultes. Ce serait à chaque évêque de discerner, en lien avec les communautés, qui, parmi les laïcs participant au ministère pastoral, aurait les charismes et la formation nécessaire pour être ordonné. Les

36. Mgr R. Weakland, « La création de nouvelles paroisses et le manque de prêtres », *DC* 2026 (1991), n° 42-45, p. 400.

37. Rapport de Mgr C. Dagens, *op. cit.*, p. 1044.

38. C. Flipo, *art. cit.*, p. 520.

responsabilités confiées pourraient d'ailleurs, suivant les cas, être limitées en raison des dons de chacun. Bien évidemment, ces laïcs ne seraient pas ordonnés simplement pour pouvoir célébrer l'eucharistie, mais pour exercer dans leur équilibre les trois fonctions du ministère presbytéral.

Parmi ces adultes, il y a – j'en connais – des hommes qui ne sont pas mariés ou qui sont veufs. Mais il est clair que l'on rencontre ici inévitablement le problème de l'ordination éventuelle d'hommes mariés. Chacun sait qu'il s'agit d'une question de discipline de l'Église latine et non de doctrine. De plus, il convient de souligner fortement la distinction capitale, le plus souvent obscurcie dans les médias en raison de leur recherche du sensationnel : l'ordination d'hommes mariés n'a rien à voir avec le « mariage des prêtres ». L'Église ancienne le savait bien qui admettait d'ordonner des hommes mariés mais refusait aux prêtres ordonnés un mariage subséquent. Paul VI avait été suffisamment troublé par le témoignage et la demande d'un certain nombre d'évêques dans le monde pour soumettre la question au Synode de 1971. La réponse qui avait écarté cette perspective n'a été que faiblement majoritaire (20 voix). Il est donc légitime de reposer la question devant l'évolution des choses depuis 25 ans, avec comme unique préoccupation *le plus grand bien de l'Église*. Une telle question ne devrait pas être considérée comme un « tabou » dans l'Église, mais réfléchie sereinement dans la pesée de ses inconvénients et de ses avantages et sans penser qu'elle constituera une panacée. Mais « refuser plus longtemps d'envisager l'ordination éventuelle d'hommes mariés, écrit J. Rigal, reviendrait à faire passer l'exigence du célibat sacerdotal avant les besoins de la communauté chrétienne. S'il en était ainsi, par un renversement illogique des termes, on accorderait la priorité à une loi de l'Église sur les nécessités de la mission. L'argument est de poids et représente une sorte de défi ecclésiologique, on peut difficilement le réfuter [39] ».

39. J. Rigal, *op. cit.*, p. 132.

Au risque de me répéter, je redis que je suis pour ma part fortement convaincu de la nécessité pour l'Église en notre monde de continuer à former une corps de prêtres qui se consacrent par le célibat à l'annonce de l'Évangile. Il y a là un bien de l'Église latine qui ne saurait être perdu [40].

Ce point étant fermement posé, pourquoi l'Église ne se livrerait-elle pas à quelques expériences ? Pourquoi un évêque ne dirait-il pas au pape, après en avoir parlé au sein de la conférence épiscopale : « Je manque cruellement de prêtres. Les ADAP se multiplient dans mon diocèse. Les chrétiens ont de plus en plus de mal à participer à l'eucharistie. Mais je connais un tel, actuellement engagé dans le ministère pastoral et qui a fait ses preuves, il est suffisamment formé théologiquement, il a le sens spirituel du ministère, il serait accueilli avec faveur par le peuple chrétien qui le connaît, il est consentant. Comme il est marié, me permettez-vous, à titre d'expérience, de l'ordonner prêtre ? » Cette question modeste et réaliste, dépourvue de toute idéologie, Mgr Weakland l'a déjà formulée :

> Alors je voudrais aider la communauté à trouver un candidat qualifié pour le sacerdoce ordonné – même s'il s'agit d'un homme marié – et, sans soulever de fausses attentes ou des espérances non fondées, je présenterai un tel candidat au pasteur universel de l'Église pour être éclairé et guidé. Dans ce cas, nous aurons fait tout ce qui est possible à notre niveau local et nous sentirons que nous nous sommes comportés en intendants responsables des biens et des grâces de Dieu [41].

Dans un esprit tout voisin, réfléchissant naguère sur les exemples curieux des ordinations « forcées » contre le

---

40. Je consone sur ce point parfaitement avec ce que dit G. Lafont, dans son livre *Imaginer l'Église catholique*, Paris, Cerf, 1995, p. 206-209. L'auteur souligne même le bénéfice que pourrait retirer l'Église de la complémentarité entre le ministère presbytéral d'hommes célibataires et éventuellement celui d'hommes mariés.

41. Mgr R. Weakland, *art. cit.*, p. 401.

consentement du sujet dans l'Église ancienne [42], Y. Congar faisait les réflexions suivantes : « La communauté ne fait pas les prêtres : c'est l'office de l'évêque, instrument du Seigneur ; mais la communauté veille à se procurer les prêtres dont elle a besoin. Les ordinations *coacte* sont la conséquence et le signe du caractère fonctionnel du sacerdoce ministériel et hiérarchique, à une époque ou la communauté avait souci de se procurer les ministres dont elle avait besoin [43]. » Il ne s'agit pas, bien sûr, d'ordonner quiconque « par force », mais de s'ouvrir à une perspective où la vocation passera plus par le besoin et la demande de l'Église que par la proposition spontanée du candidat. Il s'agirait bien d'une filière autre d'accès à l'ordination presbytérale.

Sans doute entend-on des objections à une telle hypothèse. Par exemple, on affirme que mettre le doigt dans cet « engrenage » va vider les séminaires. Si cette objection était réelle – ce qu'à Dieu ne plaise –, alors qu'on les vide tout de suite ; car si des jeunes se préparaient actuellement à l'ordination dans le célibat en louchant de cette façon vers le mariage, ils vaut mieux qu'ils se marient maintenant. On parle aussi d'un clergé à « deux classes » : cette objection est un trait bien français qui cherche à cataloguer tout de suite les personnes comme les choses. Il y aurait deux figures d'un même ministère, l'une étant celle des prêtres vivant dans le célibat, l'autre des prêtres accédant au même ministère déjà mariés et par une autre filière. La seule difficulté viendrait du besoin de la reconnaissance mutuelle et également respectueuse de cette différence, dans la conscience de chacun d'avoir une particularité dans sa manière de rendre témoignage à l'Évangile.

---

42. Mais ce refus appartenait à un certain processus quasi rituel : le sujet sollicité voulait souligner qu'il n'avait pas cherché sa charge ou sa dignité, qu'on la lui avait imposée. Accepter trop vite aurait été un signe d'ambition.

43. Y. Congar, « Ordinations *invitus* ou *coactus* de l'Église antique au canon 214 », *Revue des Sciences philosophiques et théologiques* 50 (1966), p. 194.

Un ministère de plus en plus attendu du prêtre aujourd'hui est celui de l'accompagnement humain et spirituel, que celui-ci ait lieu en dehors ou dans le sacrement de réconciliation. D'ailleurs, la rénovation de ce sacrement depuis le Concile a modifié profondément la nature même de la confession. On vient de moins en moins se confesser aujourd'hui pour avouer une petite litanie de péchés rituels ou formels. De plus en plus, c'est le poids d'une vie qui s'exprime en vérité : poids du péché, inextricablement mêlé au poids des souffrances, des contradictions, des épreuves, des violences intérieures, bref de tout ce qui emprisonne la liberté et empêche de vivre. Dans ces dialogues le prêtre peut exercer un ministère de miséricorde, de libération et de salut, d'une réconciliation avec Dieu qui passe par la réconciliation avec soi-même et avec les autres. Cette rencontre peut être un des lieux forts de la relation pastorale, un lieu où se vit la tendresse évangélique dans notre monde de solitudes accumulées. On a pu dire naguère que les fidèles désertaient les confessionnaux pour se ruer chez les psychothérapeutes de toute école. On se rend compte aujourd'hui davantage que bien de ces cas ne sont pas vraiment justifiables d'une psychothérapie, mais d'un échange humain et spirituel où la liberté puisse se trouver et s'engager. Des médecins reconnaissent que certains « malades » viennent les voir seulement pour bénéficier d'un échange où ils puissent se confier. Certes, il ne faut pas confondre les plans du psychologique et de la liberté spirituelle. Mais l'Église manquerait à sa vocation en ne proposant pas plus largement la figure nouvelle du dialogue spirituel et du sacrement de réconciliation qui se répand en de nombreux endroits.

Au plan paroissial l'effort pastoral de pédagogie communautaire du sens du péché et de la réconciliation doit certainement se continuer à travers les célébrations pénitentielles. Mais celles-ci, par hypothèse, ne peuvent faire face à la dimension proprement personnelle de cette démarche. Étant donné la situation globale qui a été décrite ci-dessus, un tel ministère requiert désormais une organisation diocésaine. Car on y tombe dans le cercle vicieux du prêtre qui ne trouve personne à ses heures de permanence et qui est amené à les déserter, tandis que les fidèles se plaignent qu'ils ne peuvent plus se confesser ni rencontrer le prêtre.

Ce ministère doit devenir diocésain. Ceci veut dire qu'il revient à l'évêque d'implanter des permanences en certains centres urbains bien choisis de son diocèse. Chacun de ces centres « pour le dialogue personnel et la réconciliation » – disposant de petits bureaux permettant une rencontre qui prend le temps nécessaire et laisse le fidèle libre de s'asseoir ou de s'agenouiller – serait animé par une équipe de prêtres suffisamment formés, mais vivant aussi une formation permanente dans cette fonction d'écoute et d'aide. Les permanences seraient annoncées dans toutes les paroisses et scrupuleusement respectées. Là où elles existent, elles sont déjà fréquentées. Un tel investissement représente une dimension importante du ministère presbytéral pour l'avenir.

Bien entendu, certaines religieuses et certains laïcs, hommes et femmes, spirituellement formés au dialogue d'aide et d'écoute pourraient aussi participer à ce ministère, sans donner l'absolution. Certains fidèles ne la demandent pas forcément et seront spontanément plus à l'aise avec un laïc ou avec une femme. Toute la tradition de l'Église reconnaît que le ministère de l'accompagnement spirituel peut être exercé par une personne non ordonnée prêtre. Ce ministère d'écoute et d'aide devrait s'exercer également auprès des jeunes, en recherche de leur équilibre d'adulte, confrontés aux problèmes de leur orientation et de leur choix de vie. Sur ce terrain la coopération du prêtre et des laïcs peut être particulièrement fructueuse. Notre société meurt de solitude et les lieux où l'on peut être écouté en vérité sont trop rares.

Quelle figure pour le ministère des diacres ?

Le Concile a rétabli le diaconat permanent. Les Églises locales l'ont mis en œuvre jusqu'ici diversement. Je l'ai retenu parmi les germinations positives. La grande question qui se pose à son sujet est de lui donner une « figure » dans le cadre doctrinal reçu de la tradition. A ce sujet des hésitations se font jour qui ne sont pas exemptes de réelles ambiguïtés. On peut dire que deux figures s'esquissent, non sans une certaine tension l'une avec l'autre.

La première figure, la plus légitime au regard de la tradition et celle qui correspond le plus à l'intention de Vatican II, est de considérer le diaconat comme un ministère sectoriel dans la vie de l'Église. Le diacre est celui qui assure un service particulier dans la communauté et pour le monde, de même qu'il « sert » dans le cadre de la liturgie et de l'annonce de la parole. La correspondance du registre du service entre ces divers domaines, qui appartient à la conviction du diacre, devrait être lisible de l'extérieur. Le diacre reçoit donc un service qui a sa consistance, soit dans l'ordre de la charité temporelle (aide aux plus pauvres, malades, migrants, chômeurs, prisonniers, handicapés, marginaux, drogués, sidéens, prostituées, services financiers, etc.), soit dans celui de la charité spirituelle (accompagnement de jeunes, engagement social, vie associative, présence au milieu professionnel, services missionnaires)[44]. Des formes très diversifiées de service peuvent être envisagées. Mais, dans tous ces cas, le diacre, envoyé directement par l'évêque, ne se situe pas sur la ligne de la charge formellement pastorale de la présidence et de l'animation des communautés. Il « n'est pas "pasteur" comme le sont l'évêque et le curé[45] ».

44. Cf. J. Rigal, *op. cit.*, p. 127.

45. F. Deniau, *art. cit.*, p. 532. L'auteur exprime bien la dominante de service du diaconat. Mais dans l'énumération de ces services, il mentionne aussi des tâches proprement pastorales : il n'échappe pas à la tension que j'essaie d'analyser.

De nombreux diocèses entendent respecter cette vocation ecclésiale propre du diacre. Il semble aussi que cette figure corresponde le mieux au désir des diacres permanents. Beaucoup d'entre eux témoignent de l'expérience de vivre une relation de qualité nouvelle avec ceux auxquels ils sont envoyés, même s'ils exercent des tâches pour lesquelles l'ordination diaconale ne serait pas indispensable. Ils sont en effet des « signes » de l'Évangile, qui agissent de manière « officielle » au nom de l'Église « servante ».

Mais une autre figure s'esquisse, étant donné les nécessités de la conjoncture. Dans certains diocèses les diacres permanents reçoivent une charge proprement pastorale, par exemple la responsabilité d'une aumônerie ou d'une paroisse. Car ils font partie du ministère ordonné et leur ordination les habilite à exercer un ministère sacramentel plus large que celui des laïcs (baptême et mariage). Bien des évêques voient ainsi en eux des pasteurs à possibilités limitées qui peuvent jouer un rôle quelque peu analogue à celui des prêtres. Peut-être pensent-ils *in petto* – mais en protestant du contraire – que c'est parmi eux qu'un jour l'Église pourra ordonner des hommes mariés. Dans la situation extrême de notre aujourd'hui, tout cela se comprend et je ne porterai pas de jugement à ce sujet. Mais une telle pratique, si elle se généralisait, ne risquerait-elle pas de mettre le ver dans le fruit du diaconat permanent ? L'on retomberait dans la perspective du diaconat « marche d'escalier » vers le presbytérat. Pas plus que pour les prêtres, on ne doit envisager leur ministère de façon résiduelle (c'est-à-dire les solliciter exagérément pour les services sacramentels que les laïcs n'assurent pas). Ici encore le *sens* du ministère prime sur la diversité possible des fonctions.

Aussi bien les laïcs associés à la charge pastorale ne désirent-ils pas généralement l'ordination diaconale. Ils manifestent ainsi qu'ils ont le sens de la différence des vocations, des charismes et des ministères. Il faut donc reconnaître franchement que le ministère diaconal, très fécond et heureux selon sa spécificité pour la vie de l'Église, n'apporte qu'une solution très partielle aux problèmes posés par le ministère pastoral.

Peut-on envisager un diaconat féminin ? La chose ne comporte pas d'objection doctrinale, au regard de la tradition même de l'Église. L'ordination de diaconesses serait une manière de reconnaître tant de services rendus dans l'Église de Dieu par des femmes et de demander sur elles la grâce de Dieu par le don du Saint-Esprit. Des femmes, laïques ou religieuses, seraient ainsi investies d'un ministère proprement ordonné. « Je pense, écrit une religieuse, qu'il faut réfléchir à l'éventualité d'un ministère diaconal pour les femmes, d'une reconnaissance plus explicite d'une mission exercée au service des plus pauvres. En disant cela, je n'évoque pas exclusivement l'expérience des religieuses en aumônerie d'hôpital, je pense aussi à toutes celles qui exercent des responsabilités importantes dans des paroisses, par exemple [46]. »

La spécificité du ministère ordonné

Ce qui vient d'être dit montre que l'accès des laïcs à certaines fonctions pastorales n'entame en rien la spécificité du ministère presbytéral dans la totalité de son sens et de ses tâches. Bien au contraire, la situation en cours d'évolution requerra de plus en plus de qualités chez les prêtres et de ce fait une formation aussi excellente que possible. Il ne s'agit plus de suivre des rails tout tracés, encore moins de camper sur des prérogatives, mais d'inventer, de risquer, d'animer en payant de sa personne. Cela requiert une foi profonde et théologiquement réfléchie, une vie spirituelle forte, une charité très désappropriée pour le Royaume, un excellent jugement et discernement, un tact psychologique approprié, une acceptation de l'« inconfort évangélique ». A

46. Une religieuse, in M. Leboucher, *op. cit.*, p. 76.

bien des égards cette figure du prêtre sera plus « missionnaire » que par le passé.

Une fois encore, la spécificité du ministère presbytéral est à chercher d'abord et avant tout à partir de son sens dans le mystère de l'Église communion. Il est normal qu'il ne s'inscrive pas seulement dans l'exclusivité de certaines fonctions. Nous devons sortir d'un faux cartésianisme qui voudrait tout clarifier selon le principe : ceci au prêtre ; cela au laïc. Dans ce qui se met en œuvre, bien des tâches seront communes aux uns et aux autres. L'important est qu'elles soient accomplies en fonction de l'identité de chacun dans un climat de communion et avec les subordinations inévitables. Ce chapitre a été mis sous l'indicatif du document conciliaire sur le ministère et la vie des prêtres. C'est ce même texte qui nous dit : « C'est encore l'Esprit Saint qui pousse l'Église à ouvrir des chemins nouveaux pour aller au-devant du monde d'aujourd'hui ; c'est lui qui, de ce fait, suggère et encourage les adaptations qui s'imposent pour le ministère sacerdotal [47]. »

47. *Presbyterorum Ordinis*, 22,2.

3

Le ministère baptismal des laïcs

Le concile de Vatican II a promulgué un décret sur l'*Apostolat des laïcs* dans lequel il expose la vocation des laïcs à l'apostolat, les buts qu'ils doivent se donner, les différents champs où cet apostolat doit s'exercer, ses modalités, surtout quand il s'agit d'un apostolat organisé, son lien à la hiérarchie et au ministère ordonné et enfin la formation nécessaire qu'il requiert.

Le fondement de cet apostolat se situe dans les sacrements de l'initiation chrétienne (baptême, confirmation et eucharistie), qui députe les fidèles du Christ à l'apostolat (n° 3). Aussi le maître mot qui récapitule toute cette donnée ecclésiale est-il celui d'apostolat « baptismal ».

Ce faisant le Concile rendait bien compte de la situation des années 1960. Toute une prise de conscience s'était faite pendant la première partie du siècle sur le rôle nécessaire que devaient jouer les laïcs dans l'apostolat de l'Église, en particulier à partir de l'expérience de l'Action catholique. Le document conciliaire couvrait l'ensemble des champs dévolus à cet apostolat.

En trente ans nous sommes passés à une situation formellement différente. Ce qui n'avait que valeur d'exception transitoire à l'époque est désormais devenu suffisamment stable dans l'espace et dans le temps pour constituer un « fait d'Église ». *Il existe maintenant deux apostolats des laïcs formellement différents*, même si en certains endroits le passage de l'un à l'autre peut se faire insensiblement. Il existe d'une part l'apostolat des laïcs fondé sur l'existence chrétienne, les sacrements de l'initiation et du mariage, tel que l'a décrit et confirmé Vatican II. Il existe d'autre part un autre apostolat à qui ce fondement ne suffit pas, puisqu'il consiste en une « participation » de certains laïcs « à l'exercice de la charge pastorale » (can. 517,2) du ministère ordonné. Il lui faut donc en plus un envoi en mission de l'évêque qui fait de ces laïcs des « envoyés » officiels de l'Église auprès des fidèles.

Une synthèse de carrefours épiscopaux tenus à Lourdes en 1990 sur la paroisse souligne en ces termes l'émergence de cette nouvelle responsabilité :

> Une distinction se fait de plus en plus fréquemment entre le phénomène, déjà ancien, de laïcs actifs, parfois avec de grosses responsabilités – par exemple, dans un service – et le phénomène plus récent de laïcs chargés avec le prêtre de coordonner, de diriger un ensemble pastoral, le plus souvent une paroisse ou un regroupement de paroisses [1].

Le même carrefour s'interroge sur le fondement de cette responsabilité qui « s'enracine dans le baptême et la confirmation, mais aussi dans une mission reçue », ainsi que sur les fonctions ainsi assumées. Il exprime enfin une préoccupation : « Ne pas détourner des laïcs de leur vocation propre qui est de témoigner dans la vie du monde [2]. »

Tenant compte de ces distinctions fondamentales et devant même les analyser au plan théologique, je propose deux chapitres distincts sur l'apostolat, ou le ministère des laïcs. En un moment où la nouvelle forme se trouve à l'avant de la

1. *DC* 2018 (1990), p. 1104.
2. *Ibid.*

scène, il n'est que juste de traiter d'abord de l'apostolat vraiment baptismal des laïcs, celui qui correspond à leur identité chrétienne fondamentale.

La charte contemporaine de cet apostolat demeure la Constitution de Vatican II sur l'Église, *Lumen Gentium (LG)*, et le décret sur l'apostolat des laïcs, *Apostolicam Actuositatem (AA)*, complétés par l'exhortation post-synodale de Jean-Paul II, *Christifideles Laïci (CFL)* de 1989. Le dernier document apporte quelques précisions aux textes de Vatican II qu'il cite, et parfois longuement, 89 fois : mais il inscrit un certain nombre de thèmes très chers au pape actuel dans la visée doctrinale des documents conciliaires. Il y a dans cet ensemble une doctrine ferme et claire, présentée de manière quelque peu répétitive.

La définition du laïc [3]

> Sous le nom de laïcs, lit-on dans *Lumen Gentium*, on entend ici tous les fidèles en dehors des membres de l'ordre sacré et de l'état religieux reconnu par l'Église – fidèles qui, incorporés au Christ par le baptême, sont constitués en Peuple de Dieu, et participant à leur manière à la fonction sacerdotale, prophétique et royale du Christ, remplissent pour leur part la mission de tout le peuple chrétien dans l'Église et dans le monde.
>
> Le caractère séculier est propre et particulier aux laïcs [...]. Il appartient aux laïcs de par leur vocation, en gérant les choses temporelles et en les ordonnant selon Dieu, de chercher le Royaume de Dieu. Ils vivent dans le siècle, c'est-à-dire dans tous et chacun des emplois et travaux du monde, et dans les conditions ordinaires de la vie familiale et sociale, qui font comme le tissu de leur existence (*LG* 31).

3. Je n'entends pas ici reprendre toute la théologie des laïcs, mais retenir seulement ce qui concerne la question des ministères. On se reportera toujours avec fruit au grand ouvrage d'Y. Congar, *Jalons pour une théologie du laïcat*, Paris, Cerf, 1953. Cf. également A. Faivre, *Les laïcs aux origines de l'Église*, Paris, Centurion, 1984.

De son côté le code de Droit canon de 1983 donne la définition suivante des « fidèles du Christ » :

> Les fidèles du Christ sont ceux qui en tant qu'incorporés au Christ par le baptême, sont constitués en peuple de Dieu et qui pour cette raison, faits participants à leur manière à la fonction sacerdotale, prophétique et royale du Christ, sont appelés à exercer, chacun selon sa condition propre, la mission que Dieu a confiée à son Église pour qu'elle l'accomplisse dans le monde (can. 204,1).

Ensuite le code distingue parmi ces fidèles « les ministres sacrés qui en droit sont appelés clercs, et les autres qui sont appelés laïcs ». Il mentionne aussi les « consacrés à Dieu » qui peuvent appartenir à l'une ou l'autre catégorie (can. 207,1-2). Cette distinction, d'ordre institutionnel, ne recouvre pas, tant s'en faut, la différence sociologique qui lui donna une figure déterminée très fâcheuse, surtout en Occident, du fait de l'évolution historique et culturelle : on distingua ainsi le haut clergé et le peuple, le clerc « instruit » et le laïc « ignorant », le clerc spécialiste du spirituel et le laïc du temporel, même les spirituels et les « charnels » ou « mondains », tandis que des oppositions politiques et économiques se développaient périodiquement entre les deux groupes. Cette évolution se traduisait dans le langage par le fait que le terme « Église » signifiait exclusivement la hiérarchie et la vie monastique, tandis que le « monde » englobait l'ensemble des chrétiens de la société. Entrer dans les ordres se disait « entrer dans l'Église ». Au début du siècle certains papes parlèrent même de l'Église comme « société inégale ». Cette figure qui a laissé des traces jusque dans ces dernières décennies est en voie de disparition pour faire place à une autre, celle d'une grande unité différenciée dans laquelle les rôles sont complémentaires au service de l'harmonie du tout.

Il est à remarquer d'abord que ces documents renoncent à définir le laïc de manière négative, mais en proposent une

« description positive [4] ». Deux traits sont ensuite à retenir dans cette définition ou description, qui récapitule des données très anciennes de la tradition, inscrites dans le terme même de *laïc*.

– Le laïc membre du *« laos »*

Le *« laïkos »* est un membre du *« laos »*, c'est-à-dire du peuple de Dieu qui est un peuple sacerdotal. C'est donc un concept très positif, commenté par l'utilisation du texte le plus explicite du Nouveau Testament sur le sacerdoce royal : « Vous êtes la race élue, la communauté sacerdotale du roi, la nation sainte, le peuple que Dieu s'est acquis » (1 Pi 2,9). Ce verset applique à l'Église ce qui était dit du peuple de l'ancienne alliance (cf. Ex 19, 5-6). Il est glosé ainsi dans les *Constitutions apostoliques* (IVe siècle), document canonique et liturgique qui reprend la *Didascalie* (IIIe siècle), sous la forme suivante :

> Écoutez cela, vous aussi, les laïcs, Église élue de Dieu. Car le peuple de jadis était déjà appelé peuple de Dieu et nation sainte. Mais vous, vous êtes l'Église de Dieu sainte et sacrée, inscrite dans le ciel, le sacerdoce royal, la nation sainte, le peuple acquis [5].

En ce sens le terme de laïc veut dire consacré, sanctifié, membre du sacerdoce royal. Dans un texte particulièrement hardi Tertullien dira même : « Là où il y a trois fidèles, il y a une Église, même si ce sont des laïcs [6]. » Ce statut de sanctification repose sur le baptême, participation à l'onction du Christ, l'Oint par excellence de Dieu par l'onction de l'Esprit manifestée à son baptême. A l'image du Christ, l'onction du baptisé fait de lui un *« christianus »*. Le baptême est le fondement de l'initiation chrétienne et de tous les sacrements de la vie chrétienne dont vivent les laïcs. Mais le don de la sainteté baptismale est aussi une vocation, un appel à la sain-

4. Jean-Paul II dans *Christifideles Laïci 9 ; DC* 1978 (1989), p. 157.
5. *Constitutions apostoliques*, II, 26, 1 ; *SC* 320, p. 235.
6. Tertullien, *Exhortation à la chasteté*, 7,3 ; *SC* 319, p. 93.

teté personnelle. Tout le peuple de Dieu est un peuple saint *(plebs sancta)*. Donc, comme le dit justement W. Kasper, « la ligne de séparation ne passe pas entre clercs et laïcs, mais entre chrétiens et non-chrétiens [7] ».

– La vocation séculière du laïc

Mais le laïc est aussi celui qui vit dans le siècle, dans le monde profane. En ce sens, il est le non-consacré, par opposition d'une part aux évêques, aux prêtres et aux diacres, et d'autre part aux religieux. Le laïc appartient au peuple, à la masse, par opposition à ses chefs. Déjà, dans l'épisode où David demandait au prêtre de pouvoir manger, lui et sa troupe affamée, les pains de proposition, pains qui étaient consacrés au Seigneur, certaines bibles grecques (Aquila, Symmaque et Theodotion) emploient le terme de « laïc » pour désigner du pain non-consacré. Le prêtre répond : « Je n'ai plus de pain ordinaire (de pain “laïc”), sous la main, il n'y a que du pain consacré » (1 S 21,5-6).

Dans la littérature chrétienne, le premier emploi du terme laïc se trouve chez Clément de Rome qui appelle au bon ordre dans l'Église en donnant l'exemple du peuple de l'ancienne alliance. Il distingue les fonctions des prêtres et des lévites. Il conclut : « Celui qui est laïc est lié par les préceptes propres aux laïcs [8]. » Comme le souligne justement A. Faivre : le plus important « n'est pas que Clément ait mentionné l'homme laïc tout au bas de la hiérarchie, mais plutôt qu'il n'ait pas omis de le mentionner [9] ». C'est ce second trait que reprend le Concile en parlant de « son caractère séculier » et de sa vocation à « gérer les choses temporelles ». En retenant les deux traits, on peut conclure que le laïc est une personne consacrée par son baptême, et destinée à vivre dans le monde non consacré pour y faire advenir le Royaume de Dieu et le

7. W. Kasper, « L'heure des laïcs », *Christus*, 145 (1990) p. 25.
8. Clément de Rome, *Épître aux Corinthiens*, 40,5 ; *SC* 167, p. 167.
9. A. Faivre, *Les laïcs aux origines de l'Église*, Paris, Centurion, 1984, p. 34.

sanctifier. « Le service des laïcs dans le monde n'est pas un service séculier. C'est un service salvifique, qui, de ce fait, est ecclésial. [...] C'est ainsi que le service séculier des laïcs participe du caractère sacramentel de l'Église qui, comme sacrement universel du salut, est le Peuple messianique [10]. »

La consécration du laïc fonde une habilitation à l'apostolat et à certains ministères

L'apostolat est une notion plus globale que celle de ministère. Le ministère est une détermination particulière que peut prendre l'apostolat dans certains cas. Il faut donc distinguer les deux.

– L'apostolat

Le décret de Vatican II montre que la vocation des laïcs à l'apostolat s'inscrit dans la mission de toute l'Église. A son fondement il mentionne non seulement le baptême et la confirmation, mais encore l'eucharistie qui nourrit la charité, âme de tout apostolat. Jean-Paul II ajoute ici à juste titre le mariage. Les dons du Saint-Esprit, les charismes divers sont ainsi la source d'un témoignage évangélique et d'innombrables services mutuels dans la communauté chrétienne comme de services dans la société. Cet apostolat est d'abord celui de la contagion de la foi, bien décrit par A. Hammann pour le début du christianisme :

> L'action missionnaire, sans mandat particulier, par le seul dynamisme de la foi baptismale, part habituellement de chrétiens pris dans le rang. Nous rencontrons des prêtres, mais les laïcs sont le grand nombre. Le christianisme fait tache d'huile, il se répand dans le réseau de la famille, du travail, des fréquentations. Prédication modeste, qui ne se faisait pas au grand jour, publiquement sur les

10. W. Kasper, *art. cit.*, p. 32.

places et les marchés, mais sans bruit, à l'oreille, par des paroles échangées à voix basse, à l'ombre du foyer domestique [11].

Ce n'est pas à tort que Tacite et Pline parlent de « contagion [12] », car le chrétien doit prolonger par son témoignage la contagion unique exercée par le Christ. Cet apostolat passe par le témoignage de la vie et celui de la parole, selon les charismes de chacun. Car « le véritable apôtre cherche les occasions d'annoncer le Christ par la parole » (*AA* 6). « Les fidèles laïcs, précisément parce qu'ils sont membres de l'Église, ont la vocation et la mission d'annoncer l'Évangile » (*CFL* 33).

> Les laïcs, nous dit le Concile, rendus participants de la charge sacerdotale, prophétique et royale du Christ assument, dans l'Église et dans le monde, leur part dans ce qui est la mission du peuple de Dieu tout entier. Ils exercent concrètement leur apostolat en se dépensant à l'évangélisation et à la sanctification des hommes ; il en est de même quand ils s'efforcent de pénétrer l'ordre temporel d'esprit évangélique et travaillent à son progrès de telle manière que, en ce domaine, leur action rende plus clairement témoignage au Christ et serve au salut des hommes. Le propre de l'état des laïcs étant de mener leur vie au milieu du monde et des affaires profanes, ils sont appelés par Dieu à exercer leur apostolat dans le monde à la manière d'un ferment, grâce à la vigueur de leur esprit chrétien (*AA* 2).

Déjà au IIe siècle l'épître *A Diognète* disait : « Ce que l'âme est dans le corps, les chrétiens le sont dans le monde [13]. » Jean-Paul II reprend les images évangéliques du sel, de la lumière et du levain dans la pâte (*CFL* 15) [14]. Il

11. A. Hammann, *La vie quotidienne des premiers chrétiens (93-190)*, Hachette, 1971, p. 76.

12. Cf. sur le thème de la « contagion », B. Sesboüé, *Les récits du salut*, Paris, Desclée, 1991, p. 324-339.

13. *A Diognète*, VI, 1 ; *SC* 33 *bis*, p. 65.

14. C'est ici que Jean-Paul II introduit le thème qui lui est cher de la « nouvelle évangélisation » (34-35), qu'il ne restreint pas à l'Europe. La nouvelle évangélisation est l'affaire de tous les membres de l'Église.

lui joint l'idée très judicieuse, exprimée pour la première fois par Paul VI, de l'évangélisation de la culture et des cultures.

– Des ministères baptismaux

Cette responsabilité apostolique du laïc est la source d'authentiques ministères. De même qu'il y a une mission et une sacramentalité de toute l'Église, on peut dire qu'il y a aussi une ministérialité globale de l'Église comme corps, et un ministère de l'Église, ministère de la réconciliation de l'humanité avec Dieu et avec elle-même. « *Mystère, sacrement et ministère sont non seulement liés, mais intérieurs l'un à l'autre* [15]. » Ce ministère fondamental s'exprime et se distribue en des ministères particuliers : d'une part dans le ministère ordonné, et d'autre part dans les ministères des laïcs.

Ce vocabulaire est légitime : il est fondé dans l'Écriture qui emploie le terme de *diakonia* et de *diakonos* pour de nombreuses fonctions dans l'Église. Il est utilisé par Vatican II, précisément dans le décret sur l'*Apostolat des laïcs* : « Il y a dans l'Église diversité de ministères, mais unité de mission » (*AA* 2). Un texte du décret sur l'activité missionnaire de l'Église *(Ad Gentes, AG)* est encore plus précis :

> Pour l'implantation de l'Église et le développement de la communauté chrétienne, sont nécessaires des *ministères* divers *(varia ministeria)* qui, suscités par l'appel divin du sein même de l'assemblée des fidèles, doivent être encouragés et respectés par tous avec un soin empressé : parmi eux, il y a les fonctions des prêtres, des diacres et des catéchistes, et l'action catholique (*AG* 15).

Paul VI reprendra ce vocabulaire dans son *Motu proprio,* précisément intitulé *Ministeria quaedam*, de 1972 : « Les

15. Rapport de Mgr Raymond Bouchex, « Le ministère des prêtres dans l'Église tout entière "ministérielle" », *Tous responsables dans l'Église ?,* Paris, Centurion, 1973, p. 16.

fonctions qui jusqu'à présent étaient appelées "ordres mineurs" devront désormais être appelées "ministères"[16]. » Le pape créait ainsi une catégorie nouvelle de « ministères institués » à côté des « ministères ordonnés », qui pouvaient être conférés à des personnes qui ne se préparaient pas au presbytérat. Cette reconnaissance importante demeurait cependant limitée aux deux ministères du lecteur et de l'acolyte, bien que le texte ait prévu que les Conférences épiscopales puissent demander l'institution d'autres ministères comme ceux de portier, d'exorciste, de catéchiste ou d'autres encore[17]. Quoi qu'il en ait été de la mise en œuvre sans doute décevante de ces dispositions, on doit en retenir qu'il existe dans l'Église d'autres ministères authentiques que le ministère ordonné. Ce dernier ne confisque pas la totalité de la réalité ministérielle dans l'Église.

Paul VI exprimait encore plus tard la même conviction dans un passage important d'*Evangelii Nuntiandi*. La perspective est plus large, le vocabulaire celui de « ministères non ordonnés » et les exemples donnés plus nombreux et plus importants :

> Il est certain qu'à côté des ministères ordonnés, grâce auxquels certains sont mis au rang des pasteurs et se consacrent d'une manière particulière au service de la communauté, l'Église reconnaît la place de *ministères non ordonnés*, mais qui sont aptes à exercer un service spécial de l'Église.
>
> Un regard sur les origines de l'Église est très éclairant et fait bénéficier d'une antique expérience en matière de ministères, expérience d'autant plus valable qu'elle a permis à l'Église de se consolider, de croître et de s'étendre. Cette attention aux sources doit cependant être complétée par une autre : *l'attention aux besoins actuels de l'humanité et de l'Église*. [...]
>
> De tels ministères, nouveaux en apparence, mais très liés à des expériences vécues par l'Église tout au long de son existence – par exemple ceux de catéchètes, d'animateurs de la prière et du

16. *DC* 1617 (1972), p. 853.
17. *Ibid.*

chant, des chrétiens voués au service de la Parole de Dieu ou à l'assistance des frères dans le besoin, ceux enfin des chefs de petites communautés, des responsables de mouvements apostoliques ou autres responsables – sont précieux pour l'implantation, la vie et la croissance de l'Église, et pour sa capacité d'irradier autour d'elle et vers ceux qui sont au loin [18].

Paul VI énumère ici, comme l'avait fait Vatican II, mais dans une liste plus longue, une série de ministères laïcs qui s'exercent dans le cadre de la communauté chrétienne. Deux d'entre eux semblent déjà plus proches du ministère pastoral, le service de la parole et les chefs des petites communautés. Mais dans sa pensée il ne s'agit là que de collaborations qui ne dépassent pas le cadre des ministères de baptisés.

Ce vocabulaire est largement repris par Jean-Paul II dans son exhortation post-synodale *Christifideles Laïci.* Mais il est vrai qu'au synode de 1987 l'emploi du terme de ministère pour les laïcs a été soupçonné d'entretenir une confusion avec les ministères ordonnés [19].

Confisquer à nouveau le terme de ministère pour le ministère ordonné serait certainement un recul. Malgré tout le travail accompli par Vatican II et depuis, on voit réémerger la tentation historique, trop constante dans l'Église, de confisquer les ministères dans la sphère hiérarchique du ministère ordonné. Les mots ne sont pas neutres : derrière l'emploi de celui-ci se cache un enjeu ecclésiologique profond, celui qui a été évoqué à propos de la réciprocité entre mystère, sacrement et ministère. Exclure les laïcs de la réalité des ministères, ce serait en quelque sorte les exclure de l'Église tout entière ministérielle. Ce point est capital pour le renouveau de la vie de l'Église comme pour le dialogue œcuménique.

18. Paul VI, *Evangelii Nuntiandi* (1975), n° 73 ; *DC* 1689 (1976), p. 17.

19. Même suggestion dans l'allocution de la visite *ad limina* des évêques de la région Nord, faite par Mgr Bardonne devant Jean-Paul II : « Il faudrait sans doute que nous trouvions un autre mot que celui de "ministère", pour éviter des confusions, dans l'esprit des chrétiens, avec le ministère ordonné (mais les avis sont partagés entre nous) » *DC* 2045 (1992), p. 208.

Aussi bien la difficulté ne vient-elle pas de l'ambiguïté du terme de ministère, mais de la difficulté à situer le ministère apostolique et ordonné selon sa spécificité.

Sans doute faut-il que quelques conditions soient respectées pour que l'on puisse parler d'un ministère, qu'il soit bénévole ou rétribué, à temps plein ou à temps partiel. Tout charisme personnel, tout service rendu, tout témoignage n'est pas forcément un ministère. Y. Congar indiquait pour sa part les critères suivants : des services précis, des services d'importance vitale, comportant une vraie responsabilité, reconnus par l'Église locale et comportant une certaine durée [20]. Il faut en effet qu'il s'agisse d'une tâche suffisamment repérable et stable : catéchistes, permanents d'action catholique, services assurés par les religieuses selon leur vocation (cf. *AG* 15), fonctions liturgiques, visiteurs de prison ou d'hôpital, action caritative comme un responsable de l'accueil et de l'aide aux immigrés, etc. Suivant les cas, ces ministères pourront être « institués » comme ceux établis par Paul VI en remplacement des anciens ordres mineurs, ou confiés par l'évêque, s'il s'agit d'une responsabilité officielle, ou simplement reconnus. Car ils peuvent être aussi assumés à l'initiative des laïcs.

– Des ministères qui n'ont pas besoin de délégation

Chacun a le droit et le devoir d'exercer ses dons dans l'Église et dans le monde selon la liberté des enfants de Dieu. Les pasteurs ont à leur endroit la responsabilité du discernement de l'authenticité de ces dons et services et, si la chose le demande, de leur organisation. De leur côté, les fidèles exerçant un ministère sont soumis au discernement et à la vigilance de l'évêque, comme toute la vie de l'Église, pour le bon ordre de la communauté et la bonne répartition des tâches. Ils le sont davantage encore, s'il s'agit de ministères confiés formellement par l'évêque.

20. Y. Congar, dans *Tous responsables dans l'Église ?*, *op. cit.*, p. 59-60.

Au plan proprement ecclésiologique il convient donc de distinguer clairement le ministère pastoral, apostolique et donc ordonné, qui comprend l'évêque, les prêtres et les diacres ; et le ministère baptismal, qui peut être institué, confié ou simplement reconnu. Ces dernières distinctions sont secondaires et peuvent donner lieu à un vocabulaire plus diversifié selon les Églises locales. Le ministère institué comporte une liturgie d'investiture. Mais celle-ci n'est pas nécessaire à la réalité des ministères baptismaux. La plus grande part de ceux-ci sont aujourd'hui exercés sans liturgie, ce qui correspond finalement mieux au respect de leur fondement dans les sacrements d'initiation.

Le décret de Vatican II évoquait le cas de la collaboration directe des laïcs avec l'apostolat hiérarchique qui s'exprime sous la forme du mandat explicite (*AA* 20 et 24). La formulation est discrète et marque un recul par rapport à plusieurs requêtes du moment. Il n'y a pas lieu de revenir sur le débat qui a porté en France avant Vatican II sur la question du mandat de l'Action catholique [21]. La facilité avec laquelle le problème s'est trouvé dépassé montre qu'il était mal posé. Il y avait dans cette conception une ambiguïté théologique bien diagnostiquée par K. Rahner, et en France l'écho du souci hexagonal des labels exclusifs. Aujourd'hui le problème ne se pose plus en ces termes et l'expression ne se trouve plus dans l'exhortation de Jean-Paul II.

Les champs de l'apostolat des laïcs

Deux domaines majeurs sont distingués dans tous les documents :

La vie de la communauté ecclésiale : alors que l'apostolat des laïcs est orienté de manière privilégiée vers la présence

---

21. Cf. K. Rahner, « L'apostolat des laïcs », *NRT* 78 (1956), p. 3-32 ; C. Baumgartner, « Formes diverses de l'apostolat des laïcs », *Christus*, 13 (1957), p. 9-33.

de l'Église dans le monde *(« ad extra »),* les deux documents principaux en la matière (*AA* 10 et *CFL* 25-28) mentionnent en premier lieu les services rendus dans le cadre de la communauté ecclésiale, paroisse et diocèse. C'est un fait que l'évolution récente va dans le sens d'un investissement plus grand dans l'animation de la vie de l'Église : liturgie, catéchèse, accueil, conseils pastoraux, etc. Cette évolution est certainement due pour une part à la diminution du nombre des prêtres. Mais il s'agit toujours d'une contribution responsable de laïcs en tant que tels à la vie de la paroisse ou du diocèse. Cette forme doit être bien distinguée de la participation des laïcs à la charge pastorale, même si dans la pratique on peut être amené insensiblement de l'une à l'autre.

Les grands secteurs de la vie des hommes : les deux documents passent en revue les mêmes champs apostoliques, sous la rubrique englobante de l'activité missionnaire.

Pour le Concile, cet apostolat vise en particulier le renouvellement chrétien de tout ce qui compose l'ordre temporel : les biens de la vie et de la famille, cellule d'Église et de témoignage chrétien, en particulier par son ouverture (adoption, accueil des étrangers) ; les jeunes, qui doivent être les premiers apôtres des jeunes ; la culture ; les milieux sociaux, les métiers et les professions ; l'apostolat du milieu par le milieu ; les réalités économiques ; les institutions politiques, les relations internationales et autres réalités du même genre (*AA* 7 et 11-14). « Membres de la cité, les laïcs ont à coopérer avec les autres citoyens et à chercher en tout la justice du Royaume de Dieu » (*AA* 7). L'action caritative est le sceau de l'apostolat chrétien, puisqu'elle donne le témoignage de l'amour qui vient du Christ.

Dans l'esprit de ce décret, Jean-Paul II reprend les mêmes champs fondamentaux, avec les insistances qui lui sont propres et l'amènent à traiter pour lui-même tel ou tel sujet, déjà abordé dans ses encycliques. De manière générique le pape appelle les laïcs à annoncer l'Évangile et à participer à la nouvelle évangélisation. Voici le détail des champs d'activité qu'il énumère : promouvoir la dignité de la personne humaine, respecter l'inviolabilité de la vie humaine depuis sa conception jusqu'à sa mort, relever les défis lancés par les nouveaux problèmes de la bio-éthique (appel aux laïcs engagés dans la science et la technique) ; respecter la dimension religieuse de l'homme, sa liberté de conscience et sa liberté religieuse (cas des Églises opprimées) (*CFL* 37-39). C'est à partir de ce respect primordial dû à la personne individuelle que Jean-Paul II aborde la société comme communauté de personnes : il mentionne d'abord la première cellule sociale, le couple et la famille « premier espace pour l'engagement social des laïcs », parce qu'elle est le « lieu premier d'"humanisation" de la personne et de la société (40) ; puis la charité envers le prochain et plus précisément l'activité caritative et son témoignage particulier (41) ; la vie politique, lieu d'exercice de la solidarité (42) ; la vie économique et sociale, l'organisation du travail et l'écologie (43) ; l'évangélisation des cultures par l'enseignement et la communication (en particulier le rôle des laïcs dans les universités) (44) ; la promotion de la femme enfin (49-52).

Les modalités de cet apostolat

Cet apostolat peut être individuel ou organisé selon de multiples formes d'associations : Vatican II remarque que dans notre siècle cet apostolat a pris une forme privilégiée dans l'Action catholique (*AA* 20), soit générale, soit spécialisée. Jean-Paul II ne mentionne pas l'Action catholique, mais il insiste sur l'apostolat du semblable par le semblable, et il parle des « associations de laïcs » dont il définit les critères d'ecclésialité (*CFL* 30). A dessein, semble-t-il, il a voulu employer un terme plus générique ; car il faut éviter toute confiscation au profit d'un mouvement particulier de ce qui appartient à l'être de l'Église. Les formes sont plurielles et complémentaires (comme l'atteste la liste officielle des « mouvements de laïcs » en France).

*
* *

Tout cela est du bien connu, dira-t-on. Était-il besoin de le réexprimer ? Certainement, pour deux raisons. La première est que la qualification ecclésiale de « ministère » pour les laïcs est remise en cause. Il fallait donc réaffirmer clairement la portée ecclésiologique de l'existence dans l'Église de deux réalités ministérielles, l'une pastorale et ordonnée, l'autre baptismale. La seconde raison est que, devant le développement de la participation des laïcs à la charge pastorale qui fera l'objet du prochain chapitre, nous courons le risque d'une sous-estimation de ces ministères qui sont le propre des laïcs et qui sont en leur ordre irremplaçables.

Il n'y a évidemment, de soi, aucune incompatibilité entre ces deux types de ministères, ni au regard de la mission de l'Église, ni au plan pratique, où les mêmes personnes peuvent éventuellement s'investir simultanément des deux côtés. On doit cependant reconnaître qu'il s'agit non seulement de tâches différentes, mais dans une certaine mesure de vocations différentes. L'attitude spirituelle d'un laïc engagé dans le monde pour témoigner de sa foi à travers la médiation d'un champ humain et celle d'un autre laïc investi par l'évêque d'une responsabilité proprement pastorale ne sont pas les mêmes.

Le conflit entre ces deux apostolats peut jaillir à partir du moment où, les mêmes personnes ne pouvant tout faire et se trouvant sollicitées des deux côtés, un choix s'imposera. Un difficile discernement peut donc se présenter dans des situations concrètes. Mais il importe qu'une réflexion ecclésiale propose des critères et établisse des priorités.

Il ne m'appartient pas de donner ici des critères particuliers. C'est par excellence la tâche des conseils pastoraux des diocèses et des paroisses. Cependant des réflexions générales peuvent être faites. Il serait dramatique que la « réserve apostolique » que constituent les laïcs soit largement confisquée par la participation à la charge pastorale. Le ministère pastoral est à coup sûr indispensable à l'Église, mais il n'est pas suffisant. Il est non moins nécessaire et urgent de consacrer autant d'énergie à inscrire l'Évangile au cœur de la société, dans ses dynamismes comme dans les secteurs nouveaux de ses contradictions. Si l'apostolat des laïcs venait à s'enfermer en quelque sorte dans la gestion de la vie ecclésiale, il pourrait prendre l'aspect d'un repli frileux sur l'institution qu'il faut faire « survivre ». Inversement, la participation des laïcs à la charge pastorale ne doit pas être interprétée comme une « trahison » de l'apostolat des laïcs tel que notre siècle l'a vu se développer.

4

La participation des laïcs au ministère pastoral

Après tout ce qui a été dit dans ce livre sur le ministère ordonné d'une part et sur le ministère baptismal d'autre part, la participation des laïcs à la charge pastorale des prêtres apparaît comme un paradoxe. Il semble que dans le cadre des catégories ministérielles bien fermes et à dessein rappelées – afin de les prendre en compte avec tout le sérieux exigé –, il n'y ait pas de place pour cette forme hybride qui n'est ni le ministère ordonné, ni le ministère simplement baptismal.

Nous sommes pourtant en présence d'un « fait d'Église » nouveau et, selon toute vraisemblance, appelé à durer. Ce ministère existe et l'association croissante des laïcs aux tâches proprement pastorales de l'Église est en train de prendre, dans le monde et non seulement en France, un tournant important. Le phénomène se développe avec une grande rapidité dans beaucoup de pays d'Europe occidentale et en Amérique du Nord. Certains sont même largement en avance sur la France en la matière. Cette situation rejoint d'ailleurs celle d'autres continents (Afrique, Amérique latine) où depuis plusieurs décennies, quand ce n'est pas depuis le début de leur évangélisation, le nombre restreint des prêtres ne permet pas de donner un pasteur à chaque communauté chrétienne.

Nous sommes donc confrontés à un cas de figure tout différent de celui étudié dans le précédent chapitre, et sur lequel la réflexion théologique n'a pas pu encore se pencher beaucoup. Comme il arrive fréquemment dans la vie de l'Église, la théologie doit interpréter des initiatives ecclésiales qu'elle n'avait pas prévues et qu'elle n'avait pas à prévoir. Le temps est venu d'analyser théologiquement cette réalité ecclésiale pour elle-même, à partir d'une réalité pastorale encore en genèse. Car il n'est plus suffisant de se replier sur certaines possibilités canoniques pour la justifier. Celles-ci se contentent d'indiquer au coup par coup ce qui concerne telle fonction ou tel ministère pris en particulier. Elles ne permettent pas de s'interroger sur la portée du rassemblement d'un certain nombre de ces activités dans la même personne. Elles sont sans doute utiles au plan des tâches, mais elles laissent échapper le sens.

Que la pratique ait un temps d'avance sur la théologie n'est pas grave. Cependant, puisque nous sommes engagés dans un processus dont la portée est au moins à moyen terme, il ne serait pas sain pour l'avenir de ne pas prendre suffisamment conscience de ce qui est engagé théologiquement par ce que l'Église fait. Est-il possible d'en rendre compte en reprenant simplement des données antérieures ? Ce serait oublier que la structure ministérielle de l'Église est vivante et qu'on la dénaturerait en en faisant une référence purement statique, alors qu'elle est toujours traversée par une dynamique existentielle. Ce qui se produit est en quelque sorte le fruit de la vie de la structure ministérielle de l'Église.

En d'autres termes, qui sont, au regard de cette structure ministérielle, ces laïcs participant à la charge pastorale ? Comment dire leur identité ministérielle ? En quoi participent-ils à l'émergence d'une « nouvelle figure de l'Église » ? Quelles sont les conditions d'un exercice heureux de leur ministère ?

L'IDENTITÉ MINISTÉRIELLE DES ANIMATEURS PASTORAUX LAÏCS. UN DISCERNEMENT THÉOLOGIQUE

Il s'agit ici des laïcs et souvent des religieuses [1], qui, investis d'une lettre de mission de leur évêque, reçoivent une tâche proprement pastorale, c'est-à-dire tenant à l'annonce officielle de la parole de Dieu dans l'Église, à l'animation de la communauté, et à l'administration au moins partielle des sacrements. Ces laïcs travaillent dans des aumôneries (collèges, lycées, universités, hôpitaux, prisons, etc.) ou dans des paroisses en assumant la responsabilité de l'accueil des fidèles, de la vie de la communauté, de la préparation aux sacrements, de la vie liturgique. Ils assurent les sépultures. Ils se trouvent intégrés au service de l'institution ecclésiale qu'ils représentent auprès de ceux auxquels ils sont envoyés.

Leur tâche s'inscrit dans la sphère du ministère ordonné : chacun le ressent, puisqu'ils interviennent « à la place du prêtre » et que leur action ne peut être légitime que dans une collaboration étroite avec lui, le plus souvent à travers le rôle du prêtre « modérateur [2] ». Mais cette réaction spontanée est fondée doctrinalement, puisque Vatican II a souligné la solidarité de la trilogie des fonctions du ministère des évêques et des prêtres : parole, sacrements, animation et maintien de l'unité de la communauté. Ce sont les trois composantes du caractère sacerdotal du ministère ordonné, parce que dans les trois cas il s'agit du service de l'initiative du Christ envers son Église, donc d'un service proprement « théologal ».

La délégation est actuellement très large pour la parole et l'animation des communautés ; elle est plus restrictive pour les sacrements, mais néanmoins déjà réelle en France : ces

1. La mention abrégée des laïcs dans la suite du texte visera aussi les religieuses qui jouent un grand rôle en ces domaines et sur lesquelles je reviendrai plus loin p. 161-163.

2. Cf. la nouvelle « figure » des ministères pastoraux évoquée *supra*, p. 100.

laïcs préparent aux sacrements au sein d'un dialogue pastoral pour le baptême, la première communion, le mariage ; ils célèbrent des ADAP et donnent la communion, ce qui constitue un ministère eucharistique (nommé comme tel par le nouveau Droit canon, can. 910,2). Dans d'autres pays ou continents (Amérique latine, Afrique), ils reçoivent une délégation pour administrer le baptême et procéder à la célébration du mariage [3].

Mais aussi ils se trouvent, sans l'avoir voulu, dans la situation de recevoir des confessions au titre de leur envoi en mission (ce qui est tout autre chose que la confession de saint Ignace à un compagnon d'armes). Sans doute ne donnent-ils pas la réconciliation (absolution), mais ils donnent dans ce cadre une monition pastorale (cure d'âme). Dans bien des cas le conseil d'aller se confesser à un prêtre est vain (malades, jeunes), ou sa réalisation serait proprement impossible. Ils sont donc les témoins de la miséricorde de Dieu qui donne la paix et font vivre de la grâce de la réconciliation et du pardon. On est ici en présence d'une célébration *infirme* du sacrement de réconciliation, analogue à celle pratiquée par les moines entre le VIe et le IXe siècle, aux débuts de la pénitence secrète, qui ne donnaient pas l'absolution, mais indiquaient une pénitence. On peut donc dire qu'ils participent à la fonction de « sanctification » de l'Église comme à celles de l'enseignement et du gouvernement [4].

Comment interpréter ecclésiologiquement ce qui se passe ainsi ? Ces « envoyés » laïcs investis d'une charge authentiquement pastorale méritent-ils le titre de pasteurs, même en un sens limité ?

---

3. Selon la forme extraordinaire prévue par le can. 1112.

4. Cf. *La Maison-Dieu,* « Les laïcs en pastorale liturgique » 194 (1993), les articles de P.-M. Gy, P. De Clerck et P. Valdrini. Ces auteurs expriment une grande réticence devant l'administration du baptême par des laïcs, étant donné la dimension particulièrement ecclésiale de ce sacrement. – H. Regnault de la Mothe, « Des laïcs, mandatés par l'Église, reçoivent des "confessions" », *in* L.M. Chauvet et P. De Clerck éd., *Le sacrement du pardon entre hier et demain,* Paris, Desclée, 1993, p. 85-96.

L'interprétation baptismale

C'est celle qui a le plus cours aujourd'hui. Elle consiste à dire : il s'agit d'un cas un peu particulier de la participation de l'apostolat des laïcs à la vie de la communauté. Mais ce type de ministère, considéré comme une « suppléance » et jugé provisoire, demeure exercé sur le fondement du baptême et de la confirmation.

C'est ce que faisaient les documents de Vatican II en 1965 :

> Certains d'entre eux (= les laïcs), en cas de manque de ministres sacrés, ou quand ceux-ci sont empêchés en régime de persécution, suppléent, dans la mesure de leur capacité, à certaines fonctions sacrées (*LG* 35,4).
>
> Enfin il arrive que la hiérarchie confie aux laïcs certaines charges touchant de plus près aux devoirs des pasteurs : dans l'enseignement de la doctrine chrétienne par exemple, dans certains actes liturgiques et dans le soin des âmes. Par cette mission, les laïcs sont pleinement soumis à la direction du supérieur hiérarchique pour l'exercice de ces charges (*AA* 24).

Mais ce texte doit être situé dans le contexte de l'époque. Cette association des laïcs n'allait pas alors aussi loin qu'aujourd'hui ; du moins on n'avait pas encore pris conscience de l'ampleur de la chose. Elle était présentée à la fois sous le signe du provisoire et de l'exceptionnel et l'on comprend que le Concile n'ait pas cherché plus avant, ne serait-ce qu'à la lumière de son propre enseignement sur le ministère ordonné. Cependant, il est à noter que sa description des tâches confiées aux laïcs rejoint les trois fonctions du ministère ordonné, c'est-à-dire l'annonce de la parole (enseignement de la doctrine), les sacrements (actes liturgiques) et l'animation (soin des âmes).

Dans *Christifideles Laïci*, Jean-Paul II se fait le témoin d'une pratique infiniment plus répandue et plus précise de la participation des laïcs aux tâches pastorales. Après avoir évoqué les ministères, offices et fonctions des fidèles laïcs qui ont leur fondement sacramentel dans le baptême, la confirmation et le mariage, il en vient aux situations nouvelles :

> En outre, lorsque la nécessité ou l'utilité de l'Église l'exige, les pasteurs peuvent, selon les normes établies par le droit universel, confier aux fidèles laïcs certains offices et certaines fonctions qui, tout en étant liés à leur propre ministère de pasteurs, n'exigent pas cependant le caractère de l'Ordre [5].

Puis il cite le canon 230,3 :

> Là où le besoin de l'Église le demande par défaut de ministres, les laïcs peuvent aussi, même s'ils ne sont ni lecteurs, ni acolytes, suppléer à certaines de leurs fonctions, à savoir exercer le ministère de la parole, présider les prières liturgiques, conférer le baptême et distribuer la sainte communion, selon les dispositions du droit.

Remarquons encore la référence à cette même trilogie, calquée sur les trois tâches du ministère ordonné. Le code n'a pas peur du terme de ministère (« exercer le ministère de la parole »). Mais il emploie le langage de la « suppléance », c'est-à-dire qu'il considère la chose comme exceptionnelle et provisoire, rendue nécessaire par la dureté des temps. D'autre part, la justification de ces ministères se fait au nom de l'usage et du droit qui permettent en certains cas aux laïcs de poser certains actes ministériels.

Jean-Paul II continue :

> Il faut remarquer toutefois que l'exercice d'une telle fonction ne fait pas du fidèle laïc un pasteur : en réalité, ce qui constitue le ministère, ce n'est pas l'activité en elle-même, mais l'ordination sacramentelle. Seul le sacrement de l'Ordre confère au ministre ordonné une participation particulière à la fonction du Christ Chef et Pasteur et à son sacerdoce éternel. La fonction exercée en tant que suppléant tire sa légitimité formellement et immédiatement de la délégation officielle reçue des pasteurs et, dans l'exercice concret de cette fonction, le suppléant est soumis à la direction de l'autorité ecclésiastique [6].

---

5. *Christifideles Laïci*, *DC* 1978 (1989), p. 164.
6. *Ibid.*

Que le laïc ne devienne pas un pasteur au sens où l'est le prêtre, c'est incontestable. Je ne veux nullement minimiser le seuil que constitue l'ordination presbytérale. Cependant, comme tout sacrement, l'ordination ne se limite pas au moment de sa célébration : elle comporte un avant et un après. L'avant consiste dans le discernement de la vocation et l'appel par l'Église, la formation théologique, spirituelle et pastorale ; l'après comporte un envoi en mission, un ministère confié dans la réalité diocésaine, qui se juge selon le critère paulinien des fruits et situe officiellement le prêtre dans la communauté et vis-à-vis d'elle, dans une relation pastorale structurelle. Le terme de pasteur est un terme relatif : il exprime le rapport avec la communauté ecclésiale. Recevoir le sacrement de l'ordre, c'est contracter une relation nouvelle et originale avec l'Église. Comme pour les autres sacrements, la liturgie de l'ordination constitue le sommet d'un processus et d'un cheminement existentiels. On sait combien l'Église ancienne avait horreur des « ordinations absolues », c'est-à-dire de celles qui ne comportaient pas une affectation ministérielle concrète. Un canon de Chalcédoine les considérait même comme invalides [7]. C'est dire combien l'envoi concret en mission est lié à l'ordination. La dimension existentielle est donc inscrite dans la définition du sacrement et de l'ordination. Se référer à l'ordination, c'est renvoyer à tout cet ensemble.

Or l'envoi en mission du laïc partage avec celui du prêtre un certain nombre de ces éléments. Le laïc participe pour une part à cette réalité pastorale. Nul ne conteste cette participation à la charge pastorale : elle est souvent mentionnée dans

7. « Nul ne doit être ordonné de manière absolue, ni prêtre, ni diacre, ni en général aucun de ceux qui se trouvent dans l'ordre ecclésiastique, si l'ordinand ne se voit assigner à titre propre une église de ville ou de village, un sanctuaire de martyr ou un monastère. Au sujet de ceux qui ont été ordonnés de manière absolue le saint concile a décidé qu'une telle imposition des mains sera sans valeur et que, pour la honte de celui qui l'a conférée, ils ne pourront exercer nulle part. » Concile de Chalcédoine, can. 6 ; *COD* II-1, p. 207.

les textes officiels. Le canon 517,2 parle d'« une participation à l'exercice de la charge pastorale d'une paroisse ». Celle-ci constitue même le nœud du problème. Si les laïcs ne sont pas des pasteurs au sens plein du terme, ils sont véritablement « en charge pastorale ».

D'autre part, le pape reconnaît que le fondement des sacrements de l'initiation chrétienne – fondement évident de tout ministère dans l'Église, qu'il soit ordonné ou non – ne suffit pas, puisqu'il affirme dans une formule très forte : « La fonction exercée en tant que suppléant tire sa légitimité *formellement et immédiatement* de la délégation officielle reçue des pasteurs. » Tel est l'élément nouveau qui intervient nécessairement dans ce cas particulier de ministère des laïcs. C'est cet élément qu'il convient d'analyser selon toute sa portée doctrinale. L'enseignement pontifical lui-même nous met donc sur la voie d'une interprétation qui rende compte théologiquement de l'identité ministérielle de ces laïcs selon une pondération quelque peu différente. Commentant le document *Christifideles Laïci*, la note du Bureau d'Études doctrinales reconnaît elle-même qu'« il importe de bien distinguer les tâches assumées par les laïcs au nom du sacerdoce commun des fidèles et celles qu'ils remplissent au nom d'une délégation pastorale [8] ».

Cette interprétation théologique est animée par le souci légitime d'éviter toute confusion entre les deux sacerdoces, universel et ministériel, et de maintenir la spécificité du ministère presbytéral avec sa composante sacerdotale. Mais cet argument doit être utilisé plus largement encore, si l'on veut sortir de la conception « résiduelle » du ministère presbytéral. Il vaut pour les trois fonctions de la charge pastorale.

8. Bureau d'Études doctrinales de la conférence des évêques de France, *Les ministres ordonnés dans une Église-communion*, *op. cit.*, *DC* 2071 (1993), p. 425.

L'interprétation par l'envoi en mission

Les laïcs qui sont ainsi envoyés en mission pastorale contractent, qu'on le veuille ou non, une identité ministérielle nouvelle dans l'Église. Il serait très dommageable que l'Église fasse une chose aussi importante, tout en déclarant qu'elle ne le fait pas.

– La genèse d'un nouveau « troisième pôle [9] »

L'interprétation théologique de ces nouveaux ministères ne peut être séparée de la genèse concrète qui les a suscités. Le rapport entre les clercs et les laïcs, longtemps conflictuel dans l'histoire, souvent stérile dans les temps modernes où les laïcs étaient réduits à une pure passivité, s'est trouvé à nouveau fécond. Toute l'histoire de notre XXe siècle en est l'illustration. D'une part, la hiérarchie de l'Église a fait appel aux laïcs et a accepté de reconnaître leur responsabilité dans la vie de l'Église et a même sollicité cette responsabilité. D'autre part, les laïcs ont pris conscience qu'ils sont l'Église et qu'ils avaient un rôle propre à jouer dans sa vie et sa mission. Il y eut là une rencontre de laquelle est née la conception de l'apostolat des laïcs. Une de ses grandes réalisations fut l'*Action catholique* générale et spécialisée, sans oublier pour autant toutes les autres formes de l'apostolat des laïcs.

Dans cette évolution il ne s'agit pas de tous les laïcs. Beaucoup d'entre eux restent des chrétiens de la nef et mènent leur vie chrétienne dans leur famille et leur milieu sans s'engager dans un apostolat visiblement situé. Dans une certaine mesure les laïcs qui s'engageaient dans une responsabilité d'Église se rapprochaient des ministres ordonnés, ne serait-ce que dans les rencontres fréquentes nécessaires à leur collaboration, et constituaient dans l'Église un troisième pôle

9. Je ne reviens pas sur les exemples néotestamentaires et traditionnels de l'émergence d'un troisième pôle dans l'Église, développés dans l'article déjà cité des *Études*, p. 260-263.

existentiel. Cette réalité est trop connue pour qu'il soit besoin d'y insister.

Nous sommes en présence maintenant d'une seconde étape du même processus existentiel. Jusqu'alors les responsabilités et les ministères assurés par ces laïcs du « troisième pôle » s'inscrivaient dans le charisme du baptême et de la confirmation. Désormais la relation existentielle entre la hiérarchie ecclésiale et les laïcs, qui repose sur la rencontre d'une demande et d'un besoin d'un côté et d'une proposition de l'autre, devient féconde d'une nouvelle figure de ce troisième pôle, celle de la participation à la charge pastorale elle-même. Dans ce processus entrent en jeu non seulement les besoins institutionnels de l'Église, mais aussi un devenir spirituel pour lequel il faut employer le terme de « vocation ». Des laïcs font l'expérience authentique d'une présence de type pastoral auprès de la communauté des fidèles, c'est-à-dire qu'ils se mettent au service de la présence du Christ parmi eux, en raison de leur propre compagnonnage avec le Christ et de leur qualité de communication. Il y a là, au plan de l'expérience spirituelle, un charisme, c'est-à-dire un don de l'Esprit, qui va au-delà de celui du baptême et de la confirmation.

Cette situation constitue bien un troisième pôle, car ces laïcs se détachent sur le fond de la communauté de l'ensemble des fidèles auxquels ils appartiennent toujours, mais ils ne font pas partie du corps apostolique des ministres ordonnés. C'est une situation évolutive pour l'ensemble comme pour chacun : certains rejoindront un jour le corps des fidèles ; certains pourront un jour être ordonnés, mais ce sera vraisemblablement le petit nombre ; beaucoup continueront plus longtemps l'exercice d'un ministère dans ce statut fragile qu'il convient de respecter, afin de donner à cette figure nouvelle toutes les chances de produire ses fruits. Mais aucun d'entre eux ne saurait se passer dès maintenant d'un fondement comme d'une reconnaissance institutionnelle, indispensable à la visibilité de son ministère.

– Le sens de ce ministère

La définition d'un ministère passe d'abord, nous l'avons vu, par la réalité de son sens avant de se dire par le détail de ses tâches, même si celles-ci dépendent de celui-là. Il faut en agir ainsi avec les ministères des laïcs associés au ministère proprement pastoral de l'Église, c'est-à-dire au ministère apostolique qui a son origine dans l'envoi en mission des apôtres par Jésus. Par ce ministère, des laïcs envoyés en mission sont concrètement placés dans un vis-à-vis structurel à l'égard du peuple auquel ils sont envoyés. Ils sont officiellement revêtus d'autorité et de responsabilité pastorale. Dans le rapport quelques-uns/tous qui structure l'Église, ils passent visiblement du côté des quelques-uns et sont ainsi perçus par les fidèles. La relation fondamentale qu'ils contractent avec leur communauté est bien celle qui est ordonnée à la rencontre de Jésus-Christ dans l'Église. Ils sont les ministres de l'initiative et du don de Jésus-Christ à ses fidèles. En ce sens, le ministère qu'ils assument est proprement théologal. Or nous avons vu la proximité du théologal et du « sacerdotal ». Ils participent donc, de manière limitée et provisoire sans doute, au ministère « sacerdotal » de l'Église.

Ceci se trouve confirmé par les tâches assumées par ces ministres : ce sont des ministres de la parole et des sacrements, pas de tous les sacrements bien entendu, mais de la préparation aux sacrements et dans certains cas de leur célébration. Ce sont des responsables de communauté, qui en assument une réelle présidence, sans doute en lien de subordination avec le prêtre « modérateur ».

Le vocabulaire employé à propos de ces laïcs est lui-même révélateur de la conscience que l'on a de son sens et de ses tâches. On parle de « charge pastorale » ou de « charge ecclésiale » ; d'animateurs (ce qui correspond à la troisième charge du ministère ordonné) ; d'assistants paroissiaux ; d'aumôniers dans les lycées, collèges et hôpitaux ; de ministres du culte (terme sous lequel les administrations publiques reconnaissent ces ministères et éventuellement les rétribuent) ; de « permanents » : le permanent d'une institution, ce n'est pas seulement celui qui y travaille à plein temps, mais celui qui appartient à ses cadres, a une autorité et l'engage officiellement. Traditionnellement dans l'Église, les permanents sont les clercs [10]. On emploie enfin le terme d'envoyé, qu'affectionnent certains de ces ministres laïcs. L'envoyé, qui renvoie à l'*apostolos*, ou au *shaliah* biblique, c'est-à-dire à l'« apôtre », est un terme très fort. Toutes ces dénominations expriment, chacune à leur manière, que le visage concret du ministère de l'Église, ici et maintenant, dans cette paroisse ou cette aumônerie, sera donc un tel.

Dire que ces ministères se fondent *seulement* sur les sacrements de l'initiation chrétienne reviendrait alors à mettre en cause la structure ministérielle de l'Église, telle que Vatican II l'a présentée, pour deux de ses tâches (parole et présidence) et une partie de la troisième (sacrement). Ce serait revenir dangereusement aux rétrécissements de la période post-tridentine, en oubliant que celle-ci avait une pratique plus large que sa théologie : on avait défini le ministère presbytéral à partir du sacerdoce et la consécration de l'eucharistie ; mais en même temps on mettait tout son effort à préparer pour l'Église de vrais prêtres, capables d'annoncer la parole et d'être des témoins de l'Évangile. Par un chassé-croisé paradoxal, aujourd'hui, on a une théologie du ministère ordonné infiniment plus équilibrée, mais on risque d'instaurer une pratique qui le ramène à l'administration des seuls sacrements.

– Un envoi en mission qui est un acte de juridiction apostolique

Pour fonder ce ministère il faut quelque chose d'autre que le charisme baptismal. Pour l'évêque, le prêtre et le diacre,

---

10. Cela dit, le mot de « permanent » peut être ambigu : tout laïc employé à plein temps par l'Église n'est pas forcément « permanent » au sens pastoral. Un animateur pastoral peut également ne pas être employé « à plein temps ».

l'ordination est le don d'un charisme nouveau. Pour le laïc, ce fondement essentiel manque. Nous sommes dans une situation de distorsion, mais aussi d'évolution à travers laquelle de nouvelles figures ministérielles sont en genèse. Si la théologie ne peut pas y répondre de manière totalement satisfaisante, elle est cependant en droit de souligner la portée ecclésiale de l'envoi en mission qui est loin de constituer un élément secondaire ou accessoire.

Formellement, l'envoi en mission, quelle que soit la forme qu'il prend dans la pratique, lettre de mission et/ou célébration liturgique de cet envoi, est un acte de juridiction de l'évêque, analogue à celui qui confère à un prêtre des responsabilités de coopérateur de la charge épiscopale. La source de la juridiction a été placée par Vatican II dans l'ordination qui inscrit l'évêque dans la succession apostolique, c'est-à-dire dans la suite des apôtres envoyés en mission par Jésus. Bien que l'évêque communique en ce cas une juridiction sans ordonner, il greffe en quelque sorte celui qu'il envoie dans la suite de la mission qui a son origine en Jésus. La juridiction reçue n'est pas sacramentelle, mais la source qui la communique est sacramentelle. « *L'évêque agit alors au titre de sa fonction apostolique* [11]. » A ne pas considérer les choses ainsi, on risque de retomber dans le dualisme médiéval et des temps modernes entre l'ordre et la juridiction.

La lettre de mission ne doit donc pas être comprise selon sa valeur seulement juridique. Elle a aussi une valeur théologique et théologale. Elle est la forme institutionnelle – qui comporte à ce titre un versant juridique – de la relation apostolique qui se noue entre l'évêque et l'envoyé. Elle a pour objet de confier une responsabilité proprement pastorale, même si celle-ci ne comporte pas la totalité du ministère pastoral. C'est très exactement ce point qui la rend à la fois légitime et nécessaire. Un ministère baptismal n'a pas besoin

11. *Les ministres ordonnés dans une Église-communion, op. cit.*, p. 425, souligné dans le texte.

d'envoi en mission, puisque cette mission lui vient des sacrements de l'initiation chrétienne. Valoriser la lettre d'envoi en mission pour ce qu'elle signifie théologiquement demande donc qu'elle ne soit pas donnée là où elle n'a pas raison d'intervenir. Il revient au discernement de l'évêque de distinguer les ministères qui la requièrent de ceux qui ne la demandent pas, même si d'une façon ou de l'autre ces derniers correspondent à une charge confiée par lui.

Une religieuse me disait un jour qu'elle emportait toujours sur elle sa lettre de mission quand elle allait célébrer des enterrements. Car il lui arrive que les membres de la famille du défunt lui demandent, avec inquiétude et parfois avec agressivité, pourquoi c'est elle qui préside cette célébration et à quel titre elle le fait. Elle montre alors sa lettre de mission : l'objection tombe aussitôt. « Si c'est l'évêque qui vous a confié cette charge, alors d'accord. » Le sens chrétien qui s'exprime ainsi me semble très juste. Même si la célébration d'un enterrement n'est pas un sacrement, elle constitue un acte pastoral par excellence. C'est ce que la famille du défunt attend de l'Église. Il est normal qu'elle s'interroge quand elle voit quelqu'un qui n'est pas prêtre y procéder. Mais son inquiétude est apaisée, puisqu'il s'agit d'une mission officiellement confiée par l'évêque.

Pour revenir au plan juridique, la lettre de mission est un cas d'attribution d'une « mission canonique [12] ». Le droit canon envisage la mission canonique donnée à des laïcs pour certaines fonctions dépendant de la mission d'évangéliser et de gouverner. Par exemple, un(e) théologien(ne) laïc peut recevoir une « mission canonique » pour enseigner dans un séminaire ou une faculté de théologie. La participation de laïcs à l'exercice du pouvoir de juridiction est également prévue (can. 129,2). « Les laïcs reconnus idoines ont capacité à être admis par les pasteurs sacrés à des offices et charges ecclésiastiques qu'ils peuvent exercer selon les dispositions

12. Ou, en termes plus techniques, de « provision canonique », can. 146.

du droit » (can. 228,1) [13]. En raison de leur science et de leur prudence, ils « ont capacité à aider les pasteurs de l'Église comme experts ou conseillers, même dans les conseils selon le droit » (can. 228,2). Cette coopération à certaines activités du gouvernement de l'Église consiste généralement dans des fonctions de juges, d'avocats, ou d'auxiliaires dans les tribunaux ecclésiastiques, et dans la gestion des biens d'Église. Ces diverses fonctions ne constituent pas une « participation à l'exercice de la charge pastorale » dont il est question au canon 517,2. Au plan théologique, il s'agit d'un service proprement baptismal et exercé en fonction d'une « mission canonique ». Le cas qui nous occupe est donc franchement nouveau, puisqu'il s'agit d'une charge proprement pastorale – même si elle est limitée – comportant même une participation à la juridiction pastorale.

– L'identité ministérielle reconnue à travers un réseau de relations

Tout ministère s'inscrit dans un réseau de relations mutuelles où l'identité de chacun est reconnue. Cela vaut d'abord du ministère ordonné : être ordonné, je l'ai dit, c'est contracter vis-à-vis de l'Église une relation nouvelle pour le service théologal du don du Christ, une relation que l'on pourrait appeler « ontologique ». Ce terme a seulement pour but de souligner qu'il ne s'agit pas ici simplement de l'existence de « bonnes relations », mais d'une réalité théologale spécifique. Le charisme du ministère est à la fois reconnu par l'Église et donné par l'ordination. Le ministère est fondamentalement un « être-pour ». S'il est reçu comme don à l'ordination, il demande à s'exprimer par une activité qui le fera reconnaître comme charisme.

Or ces laïcs, non en vertu de l'ordination, mais en vertu d'un envoi en mission, même si c'est partiellement et pour

13. Sur ce point cf. *Le code de droit canonique annoté*, Cerf/Tardy, 1989, aux canons visés.

un temps, contractent ce même type de relation envers le peuple chrétien. Ils sont l'objet d'un quadruple processus de reconnaissance qui est en même temps le processus d'un accès à une identité nouvelle, celle du devenir-apôtre. Il y a d'abord la composante personnelle (l'expérience spirituelle qui le mette à niveau de cette responsabilité pastorale et de la nature de la relation qu'il contracte avec l'Église). Il y a la composante épiscopale (la lettre d'envoi en mission, mais aussi la prise en compte de la nouvelle relation qui unit l'évêque à ce laïc). Il y a aussi la composante des destinataires (la reconnaissance concrète par les fidèles que ces ministres sont envoyés par l'Église et la représentent, ce qui leur permet de nouer rapidement la relation très originale qu'est la relation pastorale). Il y a enfin la composante des prêtres et du peuple chrétien en général. C'est sans doute le point le plus difficile, soit en raison de certaines craintes soit par ignorance de ce qui est en cours [14].

Il est légitime de dire que de manière existentielle ces laïcs sont placés, analogiquement parlant, dans une situation sacramentelle : ils fonctionnent comme des « sacrements-personnes ». Cette expression était employée par Y. Congar, dans sa première esquisse ecclésiologique [15] : l'évêque, le prêtre et le diacre sont des « sacrements-personnes », parce que leur vie est posée comme un signe de ce qu'ils annoncent et qu'ils bénéficient d'un envoi officiel et sacramentel de la part de l'Église. De ce fait, ils vivent une relation originale avec leurs fidèles. Sous ces expressions il faut comprendre le lien entre l'existentiel et l'institutionnel. Or cette donnée est également en jeu pour la relation qui s'établit entre les fidèles et le laïc envoyé en charge pastorale. L'envoyé est lui aussi une « présence christique » auprès des hommes.

La même expression est plus justifiée encore après Vatican II où l'on a reconnu une diversité d'emplois au même

---

14. Cf. sur ce point l'article cité des *Études*, p. 264-265.

15. Y. Congar, *Esquisses du mystère de l'Église*, Paris, Cerf, 1941, p. 35-43.

terme de sacrement. L'archevêque de Lyon, Mgr Decourtray, s'adressait ainsi le 4 mai 1985 aux aumôneries des hôpitaux de Lyon :

> Cette sacramentalité (des choses, des comportements, de l'Église) est mise en œuvre par quelqu'un ou par quelques-uns dès qu'il y a rencontre, dans l'Église, dès qu'il y a rencontre de quelqu'un dont on sait l'appartenance à l'Église ; et plus encore quand il y a reconnaissance ou mandat, si ce baptisé qui agit est « en mission ». Mais il importe beaucoup d'éclairer ces divers degrés de sacramentalité par la sacramentalité des sacrements proprement dits.

La note du Bureau d'Études doctrinales emploie à ce sujet des expressions très voisines :

> *Les laïcs destinataires d'une « lettre de mission » sont constitués dans une nouvelle responsabilité qui leur fait engager d'une façon particulière le signe sacramentel de l'Église dans le monde* [...]. Ces laïcs y remplissent avec le prêtre modérateur une mission de communion et de « guidance » pour signifier avec tous les chrétiens le sacrement du salut [16].

Ces laïcs sont-ils encore des laïcs ? Qui sont-ils ?

La réponse à cette question est apparemment impossible, car la réalité nouvelle transgresse les catégories acquises. Ces laïcs vivent le paradoxe de le demeurer au plan sociologique et au plan canonique, et de ne plus l'être vraiment au plan théologique : dans une certaine mesure ils sont devenus des « clercs » et ils appartiennent à la hiérarchie [17]. Que ces mots

---

16. *Les ministres ordonnés dans une Église-communion, op. cit.*, p. 428, souligné dans le texte.

17. L'article de K. Rahner sur « L'apostolat des laïcs », cité ci-dessus, affirmait que l'on peut appartenir à la hiérarchie sans être ordonné. A l'époque on pouvait légitimement discuter pour savoir si une responsabilité dans l'*Action catholique* devenait une participation à la charge pastorale avec la hiérarchie. Pour ce qui nous occupe aujourd'hui l'hésitation n'est plus permise.

ne fassent pas peur. Je ne les emploie pas au service d'une « cléricalisation » sociologique des laïcs, ce qui constitue toujours une dangereuse tentation dans le processus en cours. Je ne les emploie pas non plus au service d'une quelconque « promotion » des laïcs dans l'Église, considération qui paraît décidément désuète. Il nous faut sortir de tout « cléricalisme » comme de tout « laïcalisme ». Mon effort est celui d'une interprétation théologique d'une réalité qui est là. D'ailleurs, beaucoup de laïcs envoyés en mission sont partagés entre le désir de demeurer des laïcs et la conscience qu'ils contractent dans la vie de l'Église une identité nouvelle qui a besoin d'être reconnue.

Sans doute la réponse à la question posée ne peut-elle pas être claire et univoque. Nous sommes dans une situation évolutive et seul l'avenir permettra de donner après coup toutes les définitions qui conviennent. Mais dès maintenant il importe de cerner au plus près ce qui est en jeu et discerner ce que l'Esprit dit aux Églises. Nous sommes en présence d'un nouveau mode de passage du groupe de tous au groupe de quelques-uns à travers l'émergence d'un nouveau pôle. Sans revenir sur les différents précédents d'un tel processus dans l'histoire, il semble que le parallèle le plus proche soit la manière dont Paul justifie et soutient les ministres locaux de ses communautés à une époque où il n'était pas encore question d'ordination et où le fondement de ces ministères tenait à la relation qu'ils entretenaient avec l'apôtre :

> Nous vous demandons, frères, d'avoir des égards pour ceux qui parmi vous se donnent de la peine, veillent sur vous dans le Seigneur et vous reprennent (1 Th 5,12).
>
> Vous savez que Stéphanas et sa famille sont les prémices de l'Achaïe ; ils se sont dévoués au service des saints. Obéissez donc à des personnes de cette valeur et à quiconque partage leurs travaux et leur peine (1 Co 16,15-16).

Toute l'histoire, depuis les évangiles et les épîtres pauliniennes, montre que c'est l'existence qui a engendré l'institution. Ce sont des relations évangéliques qui sont à l'origine des rapports institués. N'est-ce pas une fois encore l'existence qui donne actuellement l'occasion de renouveler l'institution ?

N'ayons donc pas peur de dire que, par leur envoi en mission, ces laïcs deviennent, de fait, de « nouveaux coopérateurs de l'évêque dans sa charge pastorale ». Avec lui et en collaboration avec les prêtres, coopérateurs sacramentels de la charge épiscopale, ils symbolisent l'initiative du Christ vis-à-vis de l'Église. Ils ne sont pas des pasteurs au sens plein du terme ; mais si le substantif ne leur convient pas, l'adjectif « pastoral » leur revient. A Vatican II la catégorie majeure qui a exprimé le ministère des évêques, des prêtres et des diacres est celui de mission et de charge : d'où l'importance de la lettre qui constitue pour ces laïcs un envoi en mission pastorale.

Cette situation nouvelle, sur laquelle je propose une interprétation qui essaie d'être cohérente et entend respecter la structure ministérielle de l'Église, ne va pas sans nombre de difficultés. Car ce fait d'Église est gros de plusieurs contradictions par rapport à la doctrine professée. Des laïcs exercent une mission qui de soi appartient à la sphère du ministère ordonné, alors qu'ils n'ont reçu aucune ordination. On peut penser que la séparation de l'existentiel et du sacramentel est loin d'être heureuse. D'autre part, « il faut être attentif, dit une réflexion venue de Suisse, au fait que le laïc engagé dans l'Église pour une mission spécifique pastorale et temporaire, se trouve confronté à la difficulté d'accomplir une tâche qui ne correspond pas à la vocation séculière qui est la sienne ». Il n'est donc pas opportun de souligner dans une célébration d'envoi en mission que ce laïc est toujours un laïc.

L'événement est encore en sursis : l'avenir dira comment les choses tourneront. Pour l'instant il n'y a pas que l'interprétation théologique qui peut paraître insuffisante. Les laïcs envoyés en mission pastorale vivent l'inconfort évangélique d'être en quelque sorte assis entre deux chaises. Ils ont à prouver le mouvement en marchant.

DE QUELQUES OBJECTIONS

Ces propos en ont étonné certains. Ils n'ont pourtant rien de révolutionnaire. Devant la pratique actuelle de l'Église, il convient de trouver la théologie la plus juste. Ce ne sont pas les théologiens qui ont créé ce mouvement : leur rôle est simplement de discerner le sens théologique de ce qui se fait, de ce que les évêques font. Il serait catastrophique que ces derniers le fassent en protestant qu'ils ne le font pas. Reprenons donc les principales objections que j'ai reçues.

La différence entre les deux sacerdoces

La crainte est grande aujourd'hui de voir s'instaurer une confusion issue de cette pratique entre sacerdoce commun et sacerdoce ministériel. « Il pourrait apparaître dans nos régions une réorganisation laïcale de l'Église, au sens où la structure hiérarchique comme expression de la mission apostolique serait remise en cause par une confusion des rôles, des ministères et des “sacerdoces” [18]. » On redoute de voir se créer de fait une structure ecclésiale de service, parallèle à celle qui est fondée sur le sacrement de l'ordre.

Que ces dangers existent, qui pourrait le nier ? Seule une bonne clarification théologique pourra pallier ce risque, permettant à chacun de se situer dans son propre rôle en respectant la complémentarité des autres fonctions. Ce n'est pas en accusant, au risque de séparer, la distinction entre ministère

18. *Les ministres ordonnés dans une Église-communion, op. cit.*, p. 422.

ordonné et laïcat que l'on y parviendra, puisque l'on met en place une pratique où des laïcs, à la demande des évêques, « transgressent » de fait cette distinction. L'intérêt de la réflexion proposée est de prendre en compte la distinction des deux sacerdoces dans toute sa réalité et de ne pas la réduire au ministère sacramentel. C'est pourquoi on ne peut pas dire que la participation à la charge pastorale repose seulement sur le baptême et la confirmation. La valorisation théologique de la lettre de mission est au service d'une juste distinction.

La spécificité du ministère presbytéral

Au plan de la pratique courante existe aussi le risque d'une relative confusion entre ce que sont les prêtres ordonnés et ce que sont les ministres laïcs envoyés. Il y a en effet des recoupements entre ce que les uns et les autres font. Même si le prêtre est le seul à présider l'eucharistie et à donner la réconciliation, la différence entre les uns et les autres ne peut pas se dire par une répartition stricte du *faire*. Il nous faut sortir ici d'une attitude cartésienne.

La clarification de ce problème demande que tous respectent le jeu institutionnel nécessaire à toute société, où les uns et les autres ne sont pas indistincts. Le prêtre a une vocation et une mission dont la radicalité est spécifique du fait de son ordination, de son engagement à vie, et aussi de son célibat. Il ne fait pas seulement *plus*, il *est autre* en tant que *signe posé* dans l'Église. Mais le ministre laïc envoyé en mission a aussi un statut dans l'Église, du fait même qu'il est associé à l'exercice du ministère presbytéral et que son activité n'a de sens que dans la communion avec celui-ci. Sortons une bonne fois des logiques d'opposition immédiate, comme si ce qui était confié aux uns était enlevé aux autres. Rien n'est enlevé au prêtre : il lui est seulement demandé de vivre *autrement* son propre ministère.

De son côté, le laïc envoyé n'est plus dans la situation du chrétien de la nef. Une forme nouvelle de présidence et de collégialité doit être inventée et se signifier par le réseau des relations mutuelles, réseau dont les fidèles doivent pouvoir comprendre le sens et la portée. C'est à travers ce jeu des relations multiples que les identités des uns et des autres sont reconnues et donc pourront être vécues en vérité par les intéressés. Du côté des fidèles, un certain flou peut exister au départ : mais la communion entre les divers acteurs leur permettront vite de reconnaître l'identité ministérielle de l'envoyé.

« Sacrements-personnes » ?

L'expression a déplu et a été accusée d'entretenir la confusion. On en a vu ci-dessus l'origine et le sens. Il s'agit d'un emploi analogique.

L'évêque et le prêtre, du fait de leur investiture ministérielle officielle par l'ordination et aussi parce que leur vie est posée comme signe de ce qu'ils annoncent sont « en quelque sorte » des sacrements-personnes, et reconnus comme tels par les fidèles (le drame pouvant survenir en certains cas d'un avilissement humain de la personne du prêtre ou d'un comportement tellement contraire à l'Évangile que celui-ci ne puisse plus être reconnu comme tel). Cette notion de « sacrement-personne » met en jeu la perception concrète par les fidèles du sens de la fonction presbytérale dans sa dimension théologale. Le prêtre représente plus que lui-même. La chose s'exprime et se vit à travers l'originalité de la *relation* qui s'établit entre un prêtre et les fidèles. Tout prêtre sait de quoi je veux parler. Il ne s'agit pas simplement d'une amitié humaine et de la confiance mutuelle qu'elle comporte. Quelque chose d'autre est en jeu qui concerne le lien ecclésial des partenaires à Jésus-Christ. C'est à ce titre que, parfois en un temps très bref, une relation très profonde peut s'instaurer et où s'expriment les problèmes de vie et de mort, de sens de l'existence, de foi et de charité. Car à travers cette relation la grâce du Christ est à l'œuvre.

Or la même perception et le même type de relation est à l'œuvre aussi entre les fidèles et les laïcs envoyés en mission et en « charge pastorale ». Elle dépasse de beaucoup l'habilitation limitée des laïcs à l'administration des sacrements [19]. Les témoignages sont ici nombreux, en particulier dans le cas des aumôneries [20]. Par exemple, une religieuse, aumônier dans une grande école parisienne, m'écrit : « Mes responsabilités dans l'Église me mettent bien souvent dans la situation que vous décrivez de "sacrement-personne" : même si, de moi-même, je n'aurais pas l'audace d'un telle expression, il me faut bien reconnaître, *dans la pratique*, qu'elle correspond à une réalité. »

Le problème de la « suppléance »

Le vocabulaire des textes officiels de l'Église insiste beaucoup sur le fait que la participation des laïcs à la charge pastorale est une « suppléance [21] ». Au plan juridique et même théologique, la chose est incontestable. D'ailleurs, ce terme est une manière de reconnaître que ce que font les laïcs appartient de soi à la sphère du ministère ordonné. Il est un aveu que quelque chose est « anormal » dans le fonctionnement de l'Église et que ces ministères de laïcs ne sont pas, doctrinalement parlant, des ministères laïcs.

---

19. Mais la note du B.E.D. envisage, à la suite du code, la célébration par des laïcs du baptême et du mariage, p. 422. Ce cas n'est pas encore courant en France : est-il appelé à le devenir un jour ?

20. J'en ai donné quelques exemples dans l'article cité des *Études*, p. 263-265.

21. Le terme se trouve dans le droit canon (can. 230,3) ; il est repris dans *Christifideles Laïci* (23) et revient de manière très insistante dans la note du B.E.D., *Les ministres ordonnés dans une Église-communion, op. cit.* (p. 420, 422 [2 fois], 424, 425 [2 fois], 426). Sur les problèmes posés par l'usage de ce terme, cf. J. Rigal, *L'Église en chantier, op. cit.*, p. 135.

Mais le terme de « suppléance » comporte d'autres harmoniques sur lesquelles il convient de faire la lumière. Dans sa définition de la suppléance, le *Petit Robert* s'exprime ainsi : « Opposé à délégation : remplacement temporaire d'un agent empêché ou absent, selon le mode prévu par la loi. » La suppléance est par excellence provisoire et temporaire ; elle concerne des cas particuliers. Or dans la situation présente, qui peut prévoir la fin de ces « suppléances » généralisées ? Leur extension dans l'espace et déjà dans le temps requiert une forme d'institutionnalisation. Le fait même de la délégation souligne qu'il s'agit d'une charge durable confiée pour un temps déterminé.

Il y a plus grave : le terme de « suppléance » connote un regret et peut véhiculer l'idée de ministères « bouche-trou ». Il se réfère avec nostalgie à la situation antérieure où les prêtres, dans de nombreux pays, étaient assez nombreux pour assurer toutes les charges pastorales, et à l'espoir illusoire de pouvoir revenir à ce *statu quo ante* dans un délai prévisible. Parler de suppléance, c'est avancer en regardant en arrière. Or la « suppléance » en question doit se réfléchir à l'égard de l'avenir. Elle indique que quelque chose de nouveau se produit qui n'entre pas dans les cadres acquis. Elle engage une mutation de la figure de l'Église.

Derrière le vocabulaire de la suppléance se cache donc un enjeu d'importance. Faut-il envisager la participation des laïcs à la charge pastorale de manière restrictive, à la limite comme un mal nécessaire ? Est-elle simplement un pis-aller ou un bien et une chance pour l'Église ? Nul ne peut prévoir aujourd'hui la situation à long terme que créeront ces suppléances dans des jours meilleurs. On comprendra sans peine que les laïcs engagés dans cette mission ressentent avec dureté le vocabulaire de la suppléance. « Nous refusons de le considérer comme un ministère de suppléance uniquement [22]. » A ma connaissance aucune lettre de mission n'ose

22. Rapport suisse.

dire que un tel est « envoyé en suppléance ». Le terme ne correspond absolument pas à la qualité de l'engagement ecclésial de la personne. Que signifie alors l'usage d'un terme qu'on ne peut décemment employer devant ceux qu'il concerne ?

Promotion et cléricalisation des laïcs ?

On redoute que le mouvement actuel ne soit dû à une idéologie de promotion des laïcs, de « requête de pouvoir » et même de contestation du ministère ordonné. Que la chose se manifeste ainsi ici ou là, c'est possible. Ce serait en tout cas le fait d'une formation insuffisante de ces animateurs laïcs et d'une gestion insuffisante des lettres de mission par l'évêque. Mais dire que cet aspect caractérise de manière générale ces ministres laïcs me semble au moins une exagération et à la limite une injustice. Cela ne correspond pas à la figure de dévouement authentiquement ecclésial qui est dans la grande majorité des cas celle de ces personnes qui répondent à un appel. Est-ce que d'ailleurs l'idée même de la « promotion des laïcs » n'est pas une idée cléricale par excellence ? Cette idée a pu être à l'ordre du jour au moment de la naissance de l'*Action catholique* : elle semble aujourd'hui décidément désuète. C'est de bien autre chose qu'il s'agit.

Que le risque de cléricalisation des laïcs existe, c'est aussi incontestable. Ils se produit quand ceux-ci veulent reproduire ou mimer le modèle presbytéral ou imitent plus les défauts des prêtres que leurs qualités (autoritarisme). Mais le passé catholique français est tellement marqué par des procès de tendance idéologiques que cette accusation risque de fonctionner comme un *a priori*. Il nous faut sortir du dualisme sociologique clerc/laïc, que l'on risque de solidifier au nom des meilleures intentions. Ce dualisme est gros d'un antagonisme qui se manifeste par le cléricalisme d'une part et le « laïcalisme » d'autre part, envers et endroit d'un même défaut. Laissons chacun être ce qu'il est, sans surenchère. Cherchons les complémentarités et non les oppositions. Laissons aussi ceux qui « transgressent » ce dont on voudrait faire une ligne de démarcation trouver leur identité propre dans l'Église.

Une figure nouvelle de collaboration pastorale

Ce qui est en cause, en définitive, c'est une figure nouvelle de collaboration pastorale. Nous touchons ici au point le plus délicat sans doute, si l'on veut éviter ces dérives. Car la relation de coopération entre prêtres et laïcs envoyés ne peut plus se ramener à celle qui unit le pasteur à ses fidèles ; c'est une relation entre ministres attelés à la même tâche, même si le prêtre, du fait de son ordination, exerce une responsabilité spécifique [23].

La solution à un tel problème dépendra du sens ecclésial des partenaires. Les prêtres peuvent être tentés, dans un dernier sursaut de cléricalisme, par un repli défensif pour maintenir leur autorité et même leur pouvoir. Les laïcs peuvent eux aussi être tentés, on l'a dit, par une attitude conquérante, revendicative et même autoritaire. Ces dangers se sont vérifiés ici ou là. Cependant, dans la majorité des cas ils sont déjà surmontés. Ce qui se met en place, c'est une collaboration harmonieuse d'activités complémentaires, qui laisse au prêtre la place symbolique et réelle qui est la sienne dans la communauté chrétienne.

Cette relation doit se fonder d'abord sur le respect mutuel de ce que chacun *est*. Les laïcs doivent respecter dans le prêtre, par-delà ses limites personnelles, le ministre ordonné de l'Église, donc l'envoyé du Christ auprès de la communauté. Ils doivent donc généralement accepter une dimension

23. Ce qui est dit ici vise les laïcs exerçant une activité suffisamment importante et significative, non pas forcément tous les membres d'une équipe dans laquelle chacun ne joue qu'un rôle très réduit.

de subordination à son égard, subordination nécessaire pour un exercice harmonieux du ministère, mais aussi subordination qui s'inscrit à l'intérieur de l'articulation hiérarchique des ministères dans l'Église. Le prêtre est à son tour dans la même situation vis-à-vis d'autres prêtres et de l'évêque.

De leur côté, les prêtres doivent reconnaître et respecter dans les laïcs qui ont reçu une lettre de mission de véritables coopérateurs de leur tâche pastorale, des hommes et des femmes attelés à la même mission, même s'il s'agit pour eux de temps partiel et de tâches plus limitées. Ceci veut dire qu'ils ne peuvent les considérer comme de simples exécutants, ou des réalisateurs dociles de leurs propres options. Ces laïcs doivent participer aux divers conseils pastoraux et aux réunions où s'élabore l'activité pastorale. Leur avis doit être entendu avec attention. Même s'il n'est pas toujours recevable, il traduit l'existence d'un problème dont il faut tenir compte. La dimension de communion dans la même foi et la même tâche doit primer celle de la subordination. L'exemple paulinien est ici encore le meilleur : Paul savait exercer son autorité quand il le fallait ; mais ses relations avec ses divers collaborateurs étaient avant tout des relations de communion. Seule une communion vivante peut permettre de vivre la nécessaire subordination. Cela demande du prêtre de vaincre la volonté de puissance qui habite tout homme et de trouver la manière délicate et respectueuse d'exercer l'autorité qui est la sienne.

Il arrive déjà et il pourra arriver dans l'avenir que des laïcs occupent des responsabilités qui leur confèrent une part d'autorité sur certains prêtres. Ces cas seront toujours délicats à vivre. Mais ici encore le respect et la reconnaissance mutuelle doivent permettre de les résoudre. La même délicatesse doit intervenir dans ce sens.

Cette relation des prêtres et des laïcs ne doit pas rester duelle : elle s'inscrit dans leur relation commune aux fidèles et dans leur relation respective à l'évêque qui doit pouvoir connaître personnellement les uns et les autres. Les laïcs doivent pouvoir participer aux réunions avec l'évêque, quand il s'agit de la tâche pastorale qui leur est confiée.

Concrètement, il convient que les organigrammes des responsabilités soient très clairs et ne laissent pas place à des conflits de pouvoirs. Si une difficulté, soit institutionnelle soit de personnes, se présentait, la vigilance de l'évêque devrait intervenir le plus vite possible.

Diacres et laïcs en mission pastorale

Un autre problème de collaboration, non moins délicat, se pose à propos des relations entre les laïcs et les diacres. Il repose même sur un vrai paradoxe : les diacres appartiennent au ministère ordonné, mais il n'est pas dans leur vocation d'assumer une tâche proprement pastorale au sens des trois fonctions évoquées : ils ne sont pas ordonnés « au sacerdoce ». Les laïcs ne sont pas ordonnés, mais participent à des tâches qui de soi appartiennent au ministère sacerdotal. Dans la pratique, on l'a vu, la tentation est grande de donner aux diacres une responsabilité proprement pastorale, ce qui peut amener à les « privilégier » par rapport aux laïcs. D'un autre côté, un diacre membre d'une équipe paroissiale peut estimer étonnant que la véritable responsabilité pastorale soit confiée à un laïc non ordonné, alors qu'il est là. Ce type de problèmes grandira, non seulement avec le nombre des uns et des autres, mais encore tant qu'une claire conception de la vocation respective de chacun ne sera pas mise en œuvre.

Il serait navrant de gérer cette question nouvelle d'un point de vue avant tout hiérarchique et de faire fonctionner le diaconat comme un grade, alors qu'il est un service. Il est sain que les candidats au diaconat désirent assumer, comme c'est le plus souvent le cas, des charges proprement diaconales. Il est sain aussi que les laïcs engagés dans la pastorale ne désirent pas le diaconat, non par ignorance ou par mépris de ce degré du sacrement de l'ordre, mais simplement parce qu'il ne correspond pas à la vocation ministérielle qui est la leur.

La relation et la collaboration entre diacres et laïcs participant aux tâches pastorales sont à vivre dans l'esprit d'une symphonie où chaque instrument joue la partition qui est la sienne. Que chacun respecte le charisme et le ministère de l'autre dans sa spécificité, dans la communion ecclésiale [24].

QUELQUES POINTS D'APPLICATION

Revenons maintenant sur ce qui remonte des expériences vécues et illustre à la fois des réussites, des difficultés, des ambiguïtés et des discernements délicats.

Le rôle des religieuses

Dans ce que nous vivons actuellement, il serait injuste de ne pas souligner le rôle important joué par les religieuses. On parle généralement de « ministres laïcs » et le mot leur convient pour une part, puisqu'elles ne sont pas ordonnées, mais pour une part seulement, puisque par leur consécration religieuse et leur vocation elles constituent dans l'Église, avec les religieux, un pôle irréductible à la dichotomie prêtres-laïcs.

24. Dans le même esprit l'hypothèse d'une ordination presbytérale ci-dessus évoquée devrait s'adresser normalement à un laïc participant à la mission pastorale et non à un diacre, puisque celui-ci a été ordonné pour le diaconat *permanent.* J'ai parlé de cette hypothèse dans le chapitre consacré aux prêtres, et non dans celui-ci, parce que je pense que, dans l'état actuel des choses, elle ne peut intervenir immédiatement sur une grande échelle. Les raisons en sont multiples, en particulier le risque de confisquer prématurément ce qui est en genèse à travers cette nouvelle figure pastorale. Par contre quelques expériences significatives pourraient contribuer dès maintenant à faire mûrir les choses.

Depuis le dernier Concile les Instituts religieux ont vécu une évolution considérable, due au souci de revenir à leur charisme et entraînée par le changement de leurs tâches et le désir de rendre témoignage à l'Évangile selon une forme nouvelle. Globalement, les religieuses sont sorties de leurs grandes institutions, soit dans le domaine de la santé soit dans celui de l'éducation, pour s'engager selon des formes nouvelles.

Traditionnellement, les religieuses apostoliques ont exercé de nombreux ministères baptismaux, pas toujours reconnus d'ailleurs dans l'Église : services de la charité, service des plus pauvres dans la santé (hospitalières, visiteuses de malades, sœurs « piqûre », etc.) ; services dans l'éducation ; rôles de présence et de proximité ; rôles multiples dans les missions étrangères.

La nouveauté actuelle vient de ce qu'elles sont sollicitées de plus en plus pour des tâches proprement pastorales. Cela s'est fait selon une transition continue : telle enseignante devient aumônier de son établissement. « La plupart des religieuses que nous retrouvons au sein de notre union [RME, religieuses dans le monde éducatif] ont toutes un pied dans la pastorale, que ce soit dans l'aumônerie des écoles, les paroisses ou les communautés de quartier [25]. » La sœur infirmière évolue de la même façon par rapport à l'hôpital. Cela s'est fait souvent à la demande des évêques. « Comme bon nombre de laïcs en effet, elles ont pris discrètement leur place [dans les communautés] ces dernières années en exerçant des responsabilités réservées jusque-là aux seuls prêtres [26]. »

Ces religieuses sont globalement heureuses de leur situation nouvelle. Elles ont conscience que leur consécration religieuse leur confère une identité originale et différente de celles des laïcs avec lesquels elles collaborent. Rien d'une

25. Sœurs A. Hubert et D. Husson, *in* M. Leboucher, *Les religieuses, op. cit.*, p. 43.

26. *Ibid.*, p. 51.

opposition, ou d'une rivalité, mais une complémentarité heureuse. Les religieuses, de par leur consécration, sont des témoins de l'absolu et leur témoignage évangélique repose sur leur disponibilité, leur pauvreté et leur célibat. Même des jeunes non-croyants discernent cette identité de la religieuse et la respectent comme telle.

Mais cette évolution peut entrer en conflit avec la vocation propre de tel ou tel institut. « Bien sûr, nous avons parfois à nous défendre face à certains responsables d'Église, face à quelques évêques qui voudraient bien nous utiliser pour effectuer directement des tâches pastorales et suppléer ainsi le manque actuel de prêtres ! Cette attitude, qui traduit une certaine méconnaissance de l'identité propre de la vie religieuse apostolique, n'est cependant pas générale et n'atteint pas la place originale que nous pouvons avoir [27]. » De même, « lorsqu'elles ne participent pas à des activités pastorales explicites dans le cadre d'une paroisse, d'un mouvement ou d'un service diocésain, certains évêques ou prêtres estiment parfois qu'elles ne sont guère partie prenante de la dimension apostolique de l'Église [28] ! ».

L'important est d'être conscient des problèmes posés par cette évolution et de ne pas oublier le charisme propre de la vie religieuse : « Il peut être ambigu de demander à une communauté de sœurs de venir habiter le presbytère lorsqu'un prêtre quitte une paroisse sans se voir remplacé. Car si elles assurent une réelle présence de l'Église, en particulier dans le monde rural, les religieuses ne prennent pas pour autant la place du prêtre [...]. On comprend aisément le désarroi de certains évêques face à une situation de pénurie dramatique. Pour autant, il ne faut pas que la vie religieuse dilue sa spécificité propre en se consacrant exclusivement aux tâches pastorales [29]. »

---

27. Sœur M.-Th. Chaillou, *ibid.*, p. 79.
28. Sœur A. Le Roux, *ibid.*, p. 82.
29. C. Moniotte, *ibid.*, p. 87.

Un cas privilégié : l'aumônerie des hôpitaux

Il existe un lieu exemplaire où se vit dans toute son authenticité le ministère pastoral de laïcs envoyés en mission, c'est l'hôpital. La gravité des situations rencontrées, où il s'agit souvent d'une question de vie ou de mort, libère absolument d'un certain nombre d'interférences ou d'ambiguïtés qui peuvent alourdir parfois les autres situations. Ici on ne rencontre pas de conflits de pouvoirs, de revendications ou de souci de promotion. Les prêtres sont, comme ailleurs, de moins en moins nombreux, et l'aumônerie, c'est-à-dire la présence officielle de l'Église pour les malades, est assurée par des hommes et des femmes qui se livrent à l'écoute. La seule chose qui compte, c'est l'accompagnement du malade et celle du mourant, afin que celui-ci reçoive la consolation de la miséricorde de Dieu et puisse mourir réconcilié avec lui-même, avec ses proches, avec l'Église et avec Dieu. C'est un véritable « service de sanctification », c'est la participation à l'œuvre du salut. La présence du ministre ordonné y est toujours désirée, elle est quelquefois expressément demandée pour tel ou tel malade. Mais désir et demande sont de moins en moins satisfaits.

C'est ici aussi que la « reconnaissance » du ministre laïc comme un envoyé de l'Église joue de la manière la plus décisive. Car cette reconnaissance fait corps avec le cheminement spirituel du malade. C'est ici que l'on peut parler par excellence de « sacrement-personne », car dans le jeu de la rencontre, de l'entretien et du dialogue, ce n'est pas une amitié humaine qui se construit, mais la reconnaissance du don de Dieu et la manifestation de l'Église et de son Seigneur Jésus-Christ. Celui qui va exprimer ce don à l'autre n'agit pas en *son nom personnel*, mais *au nom de l'Église* qui l'envoie, *au nom du Seigneur* qui prolonge ainsi sa manifestation efficace parmi nous. L'accompagnateur reçu n'est plus simplement un compagnon de route, c'est en vérité un *ministre* de l'Église.

C'est ici encore que le problème de la sacramentalité se pose de la manière la plus aiguë. Les laïcs envoyés en mission ne peuvent pas donner l'absolution ni l'onction des malades. Et pourtant ils sont perçus comme la présence de la sacramentalité de l'Église. « Dans la perspective dynamique de la sacramentalité, bien des malades, après un accompagnement pastoral, se convertissent ou acceptent spirituellement leur maladie. Ils aspirent à célébrer sacramentellement leur accueil du Seigneur avec [...] qui les accompagnés. Quand il s'agit de permanents laïcs, il s'étonnent tellement de cette impossibilité qu'ils en restent là, même si leur est proposée la venue d'un prêtre [30]. » Il est vrai que la sacramentalité de l'Église peut être vécue au-delà de la célébration proprement dite. Mais est-il tellement heureux de déconsidérer en quelque sorte le geste sacramentel, dont la signification et le rôle est précisément d'intervenir à ce moment ?

Le sacrement de réconciliation trouve, par la force des choses et en raison des données de la tradition ecclésiale une solution « infirme » : il n'est pas complètement célébré (au niveau théologique du « *sacramentum tantum* ») puisque l'absolution presbytérale est absente. Mais il est authentiquement et ecclésialement vécu (« *res et sacramentum* » de la réconciliation avec l'Église et « *res tantum* » de la réconciliation avec Dieu) à travers le dialogue de confession, la « cure d'âme » proposée dans l'accompagnement et la parole évangélique de paix qui peut être donnée. Toute la tradition doctrinale de l'Église a retenu que la fécondité réelle *(« res »)* d'un sacrement ne dépend pas directement de la parfaite réalisation du « *sacramentum* ». Ce que traduit un document d'aumônerie en disant : « La densité et la fécondité de l'accompagnement ne sont pas nécessairement liées au statut sacramentel de l'accompagnateur. [...] Les laïcs ne demandent pas de pouvoir "tout faire", se rappelant que même si des actes sacramentels ne peuvent pas être conduits jusqu'à

30. Document de l'aumônerie des hôpitaux de Lyon.

leur célébration totale, le mystère de la relation de l'homme avec Dieu est bien au-delà de cette célébration [31]. » Mais il reste qu'une solution infirme est le type même de ce que l'Église doit chercher à réduire.

Le problème se pose plus cruellement au sujet de l'onction des malades qui est souvent demandée à des ministres laïcs qui n'ont pas la possibilité de la donner. C'est une souffrance grave pour beaucoup de malades. C'est un cas où l'on peut légitimement mettre en avant le « droit aux sacrements » reconnu par le dernier code de droit canon.

La discipline actuelle de l'Église réserve l'administration de ce sacrement au prêtre. Cependant, il s'agit là d'une donnée canonique, mais non d'une donnée doctrinalement incontournable. La tradition de l'Église a connu des époques où les fidèles emportaient dans leur maison l'huile des infirmes consacrée par l'évêque, afin de pouvoir se faire des onctions, si leur situation de santé le demandait. Il ne s'agit pas de revenir à cette pratique quelque peu « sauvage ». Mais celle-ci nous dit que le sacrement est déjà présent dans la consécration de l'huile par l'évêque. Un laïc qui administrerait cette onction avec cette huile (et donc qui ne consacrerait pas l'huile comme peut le faire aujourd'hui le prêtre) manifesterait le lien du geste qu'il pose avec le ministère sacramentel de l'évêque qui a consacré cette huile par l'invocation de l'Esprit Saint. Il serait ministre du sacrement au même titre qu'il est ministre de l'eucharistie quand il porte la communion à un malade. La chaîne de la visibilité sacramentelle serait donc parfaitement respectée. Personnellement, je souhaite que l'Église change sa discipline sur ce point.

Sur le terrain, les aumôniers laïcs d'hôpitaux vivent difficilement cette tension entre le droit de l'Église et l'attente des malades. Une femme, aumônier d'hôpital, m'écrit : « Une question se posera : avons-nous le droit de décevoir le malade que nous avons accompagné jusqu'au terme en lui disant

31. *Ibid.*

qu'il ne peut recevoir l'absolution et/ou l'onction d'huile ? Ce que vous dites du sacrement du pardon rejoint mon expérience quotidienne. Non seulement les jeunes, mais aussi beaucoup d'adultes n'ont jamais (eu) l'occasion de rencontrer de manière personnelle un prêtre. » Aussi certains disent-ils : « Je préfère me confesser à vous, madame, puisque je vous confie ce que je n'ai encore jamais pu dire à personne. » Les sœurs placées dans la même situation ne revendiquent pas le ministère presbytéral, mais sont sensibles à cette privation des sacrements : « Elles pensent qu'en bien des cas il est dommage de voir le peuple chrétien privé de la grâce des sacrements lorsqu'il en fait la demande explicite. Les sœurs qui travaillent en aumônerie d'hôpital expérimentent fréquemment ce type de situation. Alors qu'elles effectuent un réel service d'accompagnement des malades ou des mourants au quotidien, elles n'ont pas la possibilité de mener jusqu'au bout la démarche sacramentelle. Bien des gens ne comprennent pas alors pourquoi [32]... »

Trois fragilités

Reconnaissons d'emblée trois fragilités qui affectent la participation des laïcs au ministère pastoral. La première vient de l'âge moyen de ces personnes. Une majorité d'entre elles se situe au seuil du troisième âge. Ce qui est un relatif handicap à l'égard des jeunes. Cela veut dire aussi que dès aujourd'hui elles se recrutent insuffisamment dans les couches proprement actives de la population. Mais ce signe est aussi inquiétant pour l'avenir. Étant donné ce qui a été dit plus haut de l'évolution de la foi dans notre pays en particulier, cette réponse des laïcs à l'appel à leur participation au ministère pastoral se retrouvera-t-elle à la génération suivante ? L'Église gère donc aujourd'hui une occasion favora-

32. Sœur M.-Th. Chaillou, *in* M. Leboucher, *op. cit.*, p. 80.

ble *(kairos)*, dont elle ne peut se promettre qu'elle sera très durable. D'où l'enjeu des choix à court terme.

Une deuxième fragilité vient de la dominante largement féminine de ces ministres : deux tiers de femmes au moins pour un tiers d'hommes. Il n'y a dans ma pensée aucun relent sexiste dans cette réflexion. Un tel fait mériterait même une attention plus grande de la hiérarchie sur ce qu'il signifie en ce qui concerne le rôle des femmes dans les ministères de l'Église. Mais un meilleur équilibre entre les deux sexes serait certainement préférable.

Enfin ces ministres viennent généralement des classes aisées, culturellement privilégiées, ou des classes moyennes, beaucoup moins des classes plus populaires. Il y a là une limite qui nous renvoie à sa manière au problème évoqué de la « religion populaire ».

Des situations ambiguës

Dans cette réflexion d'ordre théologique, il convient de souligner que la distinction ici soulignée entre la participation au ministère pastoral et l'exercice du ministère baptismal ne recouvre pas deux autres binômes qui ne se situent pas sur le même plan. Il s'agit d'abord du binôme plein temps/temps partiel : un ministère à plein temps peut très bien être un ministère baptismal, tandis qu'un ministère pastoral peut être exercé à temps partiel. De même, le binôme bénévolat/rétribution peut se vérifier dans les deux cas de figure.

Sur le terrain il y a des situations ambiguës où l'on peut se demander si la personne en question reste dans le cadre d'un ministère baptismal ou si elle participe au ministère proprement pastoral. Ce qui commence dans le premier registre peut parfois évoluer insensiblement vers le second. Ces cas demandent donc à être discernés par l'évêque, car seul le second cas légitime en même temps qu'il rend nécessaire une lettre de mission.

Une autre source d'ambiguïté vient de la charge confiée *in solidum* à une équipe. En général ces équipes veulent être le moins présidées possible. La responsabilité y est exercée de manière collective à l'exemple du donné culturel contemporain de type « démocratique ». D'un côté la participation de chacun à la charge est trop faible pour mériter effectivement le titre d'animateur pastoral. Mais de l'autre, cette équipe, en lien avec son modérateur, assume des tâches proprement pastorales. Cette situation a sans doute l'avantage de souligner, au niveau des animateurs laïcs, la dimension collégiale du ministère. Mais elle risque, sauf évidemment dans les cas où le modérateur continue à exercer effectivement les fonctions de curé, d'oublier la dimension personnelle du ministère pastoral. D'autre part, il ne paraît pas opportun de multiplier les lettres de mission dans un même lieu. Une équipe, même très soudée dans la communion fraternelle, a besoin d'être dirigée. Les fidèles, de leur côté, doivent savoir qui est responsable ici et maintenant dans leur paroisse et leur aumônerie. La meilleure solution semble résider dans une lettre de mission adressée à la personne qui anime cette équipe, mais une lettre qui pourra mentionner les collaborateurs de l'animateur.

Une nouvelle forme de vocation

A une époque où l'on déplore le petit nombre des « vocations », il ne faut pas fermer les yeux sur les vocations qui se manifestent. A propos des laïcs envoyés en mission on ne doit pas avoir peur du mot de vocation, avec toute la connotation spirituelle qu'il implique. Mais la maturation de cette vocation s'est inscrite dans un contexte local où l'Église a fait retentir un appel. L'équilibre entre la motivation personnelle et le besoin de l'Église est ici quelque peu différent de ce qu'il est pour les jeunes.

Une telle vocation vient le plus souvent de l'écoute de la

parole de Dieu ; elle se mûrit dans la prière, elle demande l'appui d'un accompagnateur spirituel.

Mais la communauté y intervient, parfois même avec priorité : d'une manière ou d'une autre, à travers l'appel d'un évêque, d'un prêtre chargé de formation, des autres membres de la même paroisse ou aumônerie, telle personne est amenée à se poser une question qu'elle n'avait pas prévue. Une autre fois un désir spirituel, motivé par l'Évangile et la situation de besoin dans laquelle se trouve l'Église amènera tel autre à se proposer lui-même et à accepter d'entrer dans le processus de préparation. Tous les cas de figure sont possibles. Mais les deux côtés de la vocation sont nécessaires : personne ne saurait s'imposer, sans être accepté ; à personne qui ne voudrait pas on ne saurait faire porter le poids d'un appel ou d'un prétendu « devoir » qui risquerait de devenir un chantage.

La rédaction de la lettre de mission

La lettre de mission doit normalement indiquer le contenu précis de la charge pastorale confiée, le lieu où elle doit s'exercer (aumônerie, paroisse, service), les relations prévues du titulaire avec les ministres ordonnés (modérateur), les exigences fondamentales requises pour l'exercice de ce ministère et sa durée. Il est souhaitable qu'elle soit signée par l'évêque lui-même, et qu'elle soit remise de la main à la main au cours d'un entretien personnel entre l'évêque et le titulaire de l'envoi en mission, même si, canoniquement parlant, un vicaire général peut la signer. Il faut tout faire pour souligner, par le lien à l'évêque, la portée ecclésiale et théologale de l'envoi en mission.

Il est également souhaitable que, dans le cas d'un ministère rétribué, ce ne soit pas la lettre de mission qui fasse office de contrat de travail. Cette confusion est dangereuse. L'Église de France a tenu toujours, et avec raison, à ce que la relation de l'évêque à ses prêtres ne puisse jamais être exprimée en termes d'employeur et d'employés [33]. Il doit en être de même pour les animateurs pastoraux laïcs. Le contrat de travail est autre chose que l'envoi en mission. Il doit être séparé et, si possible, conclu avec un responsable de l'administration diocésaine autre que l'évêque. La lettre de mission est évidemment le fondement du contrat et son retrait éventuel entraînerait la révision de ce contrat [34]. Mais le contrat est, en tant que tel, différent et comporte normalement des stipulations de l'ordre du droit du travail qui sont étrangères à la lettre de mission (rémunération, primes, horaires, congés, maladies, retraite et prévoyance, etc.). Une lettre de mission confiée à un bénévole peut aussi être accompagnée d'un document juridique précisant ses droits et devoirs.

Une liturgie d'envoi en mission ?

Divers essais existent aujourd'hui pour donner aux ministères laïcs une certaine investiture liturgique, célébrée devant toute la communauté chrétienne. A titre personnel, je ne suis pas favorable à des célébrations liturgiques pour l'investiture à des ministères baptismaux. Sans doute est-elle possible et même prévue dans le cas des « ministères institués » selon le *Motu proprio* de Paul VI. Mais l'histoire a montré que ces célébrations ont été au service d'une « aspiration » des ministères baptismaux par les ministère ordonnés, voire de leur confiscation, comme ce fut le cas des anciens ordres mineurs devenus avec le temps de simples étapes vers l'ordination presbytérale.

Il en va autrement pour les ministères de participation à la charge pastorale comportant un envoi en mission. Une célébration de cet envoi avec la participation de la communauté

33. En particulier lors de l'élargissement de la Sécurité sociale au clergé.

34. Ceci est un délicat problème de droit du travail au sujet duquel une jurisprudence se met en place.

à laquelle l'animateur laïc est envoyé, si elle n'est pas absolument nécessaire, peut être bonne pour exprimer officiellement et liturgiquement devant les fidèles que son responsable lui est donné par l'Église. Il est important en effet de donner consistance et publicité à l'envoi.

La difficulté viendra alors de la nécessité de ne pas donner à cette célébration la forme d'une « pseudo-ordination ». Les paroles prononcées par l'évêque doivent exprimer clairement la nature et la portée de l'envoi. Il faut donc éviter *a priori* toute imposition des mains et une prière de bénédiction qui mimerait les préfaces consécratoires. Une vêture peut être signifiante, à condition qu'elle soit commentée. La « porrection » de certains instruments, c'est-à-dire la présentation par l'évêque d'objets symboliques de la fonction reçue, est envisageable. Car, dans la tradition liturgique de l'Église, la porrection des instruments a toujours été le propre des ministères institués. Mais il convient d'éviter les porrections d'instruments aujourd'hui retenues dans les ordinations au diaconat et au presbytérat [35].

35. On trouvera un exemple de « rite de l'institution du Mokambi de paroisse » dans la brochure de l'archidiocèse de Kinshasa, *Les ministères laïcs à Kinshasa*, Kinshasa, 1985. *Mokambi* est le nom donné dans ce pays à l'animateur laïc qui participe à l'exercice de la charge pastorale.

Conclusion

Les réflexions proposées dans ce livre n'ont qu'un but : contribuer à une analyse théologique aussi rigoureuse et clarifiante que possible de la situation pastorale qui se répand aujourd'hui en France et dans bien des continents, et aider à la maturation d'une figure nouvelle de l'Église et de ses ministères au sein de notre monde.

Ces pages comportent à la fois des analyses et diverses suggestions concernant le ministère presbytéral d'une part et la participation des laïcs au ministère pastoral d'autre part. Même si ces objets de réflexion sont solidaires, ils ne doivent pas être confondus.

D'un côté, il y a tout ce qui concerne la figure nouvelle du ministère presbytéral. Ce point comprend l'accès à ce ministère et correspond à une réelle urgence. Les vocations de jeunes doivent toujours être encouragées et favorisées, mais pourquoi ne pas reconnaître un nouveau type de vocations venu des milieux adultes ? Pourquoi ne pas envisager un certain déplacement des ordinations, comportant, avec toute la prudence requise, la possibilité de l'ordination de certains hommes mariés ? L'accès de tous aux sacrements et à l'eucharistie serait ainsi mieux assurée. Le concile de Trente

– oui, le concile de Trente –, appelant les évêques à la sollicitude pastorale de la prédication, demandait que ne se réalise jamais la parole des Lamentations de Jérémie : « Les petits enfants ont demandé du pain et il n'y avait personne pour le leur rompre » (Lm 4,4) [1].

De l'autre côté, il existe un mouvement en genèse qui associe de plus en plus des laïcs aux tâches proprement pastorales. Il ne pose pas de manière générale et immédiate la question d'ordinations, parce qu'il est encore évolutif et que le sens ultime de cette pratique n'est pas encore décanté. Mais il convient de donner toutes ses chances à la nouveauté dont il est porteur. A son sujet les analyses proposées se situent au point de croisement d'une expérience ecclésiale et d'une vérification au regard de la structure ministérielle de l'Église. Cette expérience ecclésiale est évidemment liée à une modification des conditions culturelles et sociales dans notre monde (comprenant une nouvelle figure de la conscience et de la liberté, l'allongement de la durée de la vie, la croissance des responsabilités publiques confiées aux femmes, un rôle social nouveau des retraités, etc.).

Des laïcs et leurs communautés font ainsi l'expérience ecclésiale d'un don de Dieu à travers la modalité nouvelle de l'exercice du ministère pastoral. Des arguments théologiques de poids situent ces ministères, non ordonnés mais « envoyés », du côté de la charge pastorale de l'Église et non simplement du côté des ministères baptismaux. Si les conclusions proposées apparaissent discutables, puissent-elles au moins susciter un débat constructif.

La réflexion théologique est toujours nécessaire ; elle n'est jamais suffisante. Qu'elle le veuille ou non, l'Église catholique est confrontée à des décisions importantes au seuil de ce troisième millénaire. Ces décisions se trouvent aujourd'hui comme empêtrées dans le dilemme de la patience et de

---

1. Concile de Trente, Session V, Décret sur l'enseignement et la prédication, n° 11 ; *COD* II-2, p. 1363.

l'urgence. La patience et la sérénité sont nécessaires : il serait dangereux de les prendre sous le coup de l'émotion, dans un climat de pression, sans en avoir pesé mûrement les enjeux au regard de l'avenir de l'Église. Il faut penser au temps requis pour les transitions, les expérimentations, comme pour l'évolution des mentalités. Sur ce point la sagesse séculaire de l'Église est rarement prise en défaut. Mais trop de prudence risque de constituer la pire des imprudences. La peur peut se cacher sous le visage de cette prudence. Une absence trop prolongée de décisions risque d'être la pire des décisions.

Car il y a aussi l'urgence d'une situation qui semble à beaucoup et sur bien des terrains désespérante sinon désespérée. Des communautés locales se délitent ; non seulement des églises se ferment, mais la présence de l'Église s'efface, en campagne comme dans les banlieues et les cités. Il y a des prêtres dont l'espérance est mise à rude épreuve devant l'absence de perspective d'avenir. Il y a des laïcs qui font entendre de véritables cris d'appel au secours et font résonner à nos oreilles les paroles d'impatience de saint Paul : « La charité du Christ nous presse » (2 Co 5,14). « Frères le temps se fait court » (1 Co 7,29). « C'est maintenant le temps favorable, c'est maintenant le jour du salut » (2 Co 6,2). Ils attendent une réponse.

Table

Dans la même collection

Marie-Louise Gondal,
Communautés en christianisme. Un nouveau pas à faire.

Henri Bourgeois,
Redécouvrir la foi. Les recommençants.

Christian Biot,
La célébration des funérailles. Propositions et perspectives.

Henri Bourgeois,
Le rôle des évêques. Réalités et possibilités.

Robert Pléty,
Église ordinaire et communautés nouvelles. Un problème de communication.

Evelyn et James D. Whitehead,
Points de repère pour les groupes chrétiens.

Albéric de Palmaert,
Le sexe ignoré. La condition masculine dans l'Église.

Christiane et Michel Balow,
Le couple, chemin vers Dieu.

Bernard Gendrin,
Église et société, la communication impossible ?

Jacques Vernay,
Le droit dans l'Église catholique. Initiation au droit canonique.

Pascal Thomas,
Que devient la paroisse ? Mort annoncée ou nouveau visage.

Cet ouvrage a été enrichi et achevé d'imprimer le 6 janvier 1996
dans les ateliers de Normandie Roto Impression s.a.
61250 Lonrai
pour le compte des Éditions Desclée de Brouwer
N° d'imprimeur : I5-2439

Dépôt légal : janvier 1996

Imprimé en France